i

Die Erfindung
des Sandmännchens
Märchen, Sage und Phantasie

Eine Betrachtung

von

Lutz Spilker

DIE ERFINDUNG DES SANDMÄNNCHENS – MÄRCHEN, SAGE UND PHANTASIE

Bibliografische Information der Deutschen Nationalbibliothek:
Die Deutsche Nationalbibliothek verzeichnet diese Publikation in der Deutschen Nationalbiblio-
grafie; detaillierte bibliografische Daten sind im Internet über http://dnb.dnb.de abrufbar.

Softcover ISBN: 978-3-384-43901-7
Ebook ISBN: 978-3-384-43902-4

© 2024 by Lutz Spilker
Die textlichen Inhalte dieses Buches wurden mithilfe generativer KI erstellt.
Das Cover und die internen Illustrationen wurden mithilfe von generativer KI erstellt.

https://www.webbstar.de
Druck und Distribution im Auftrag des Autors:
tredition GmbH, Heinz-Beusen-Stieg 5, 22926 Ahrensburg, Germany

Die im Buch verwendeten Grafiken entsprechen den
Nutzungsbestimmungen der Creative-Commons-Lizenzen (CC).

Inhalt

»Alles, das ganze Leben war ihm Traum und Ahnung geworden;
immer sprach er davon, wie jeder Mensch, sich frei wähnend, nur
dunklen Mächten zum grausamen Spiel diene, vergeblich lehne
man sich dagegen auf, demütig müsse man sich dem fügen, was
das Schicksal verhängt habe«

Nathanael
(Hauptfigur des Buchs: ›Der Sandmann‹ von E.T.A. Hoffmann)

E. T. A. Hoffmann (für Ernst Theodor Amadeus Hoffmann, eigentlich Ernst Theodor
Wilhelm Hoffmann; * 24. Januar 1776 in Königsberg, Ostpreußen; † 25. Juni 1822 in
Berlin) war ein bedeutender deutscher Schriftsteller der Romantik. Außerdem wirkte er als
Jurist, Komponist, Kapellmeister, Musikkritiker, Zeichner und Karikaturist.

Vorwort

Es ist eine der schönsten und wohligsten Erinnerungen aus der Kindheit: das Einschlafen nach einer kleinen Abendgeschichte, begleitet von einem vertrauten Ritual, das für viele Kinder wie ein magisches Zeichen wirkte. Wenn das Sandmännchen erschien, wusste man: Der Tag war vorüber, und die Reise in die Welt der Träume begann.

Auch der Autor dieses Buches, wie so viele andere seiner Generation, wurde nach dem Sandmännchen zu Bett geschickt. Diese fast schon zur Tradition gewordene Praxis war mehr als ein bloßes Abendritual; sie vermittelte Geborgenheit und Orientierung. Das Sandmännchen war nicht einfach nur eine Figur im Fernsehen – es war ein verlässlicher Begleiter, der die Grenze zwischen Tag und Nacht markierte.

In der kindlichen Wahrnehmung hatte das Sandmännchen etwas von einem Botschafter der Ruhe. Sein Erscheinen proklamierte förmlich die Tageszeit, wie ein liebenswürdiger Zeitwächter, der daran erinnerte, dass die Welt nun langsamer wurde. Für Eltern war es eine willkommene Unterstützung – eine unsichtbare pädagogische Hilfe, die den Übergang vom Trubel des Alltags zur Ruhe der Nacht erleichterte.

Doch wie entstand eigentlich diese Figur, die sich in die Herzen von Generationen eingeschlichen hat? Welche kulturellen, mythologischen und historischen Wurzeln stecken hinter dem Sandmännchen? Dieses Buch begibt sich auf eine Reise durch Zeit und Raum, um die Geschichte und Bedeutung einer der bekanntesten Figuren der Kindheit zu ergründen.

Das Sandmännchen – Mehr als nur Fernsehen

Die Figur des Sandmännchens, wie wir sie heute kennen, ist ein Kind ihrer Zeit, aber zugleich das Ergebnis jahrhundertealter Erzähltraditionen. Schon lange vor den ersten Fernsehsendungen erzählte man sich in Europa Geschichten von einem Wesen, das Schlaf und Träume bringt. Diese Erzählungen, tief verwurzelt in der Folklore, fanden später ihren Weg in die Literatur, etwa bei Hans Christian Andersen (1805 - 1875) und E.T.A. Hoffmann (1776 - 1822).

Doch erst im 20. Jahrhundert, mit der Entwicklung des Fernsehens, nahm das Sandmännchen seine moderne Gestalt an. Besonders bemerkenswert ist dabei die Geschichte des deutschen Sandmännchens: Zwei unterschiedliche Versionen – eine im Westen, eine im Osten – wurden zeitgleich erschaffen, jede geprägt von der kulturellen und politischen Realität ihrer Umgebung.

Es war das Sandmännchen des DDR-Fernsehens, das ab 1959 Millionen Kinder vor den Bildschirmen in seinen Bann zog und bis heute seine Popularität bewahrt hat. Mit liebevollen Puppentrickfilmen, beruhigender Musik und einer unverwechselbaren Stimme wurde es zu einer kulturellen Institution, die weit über die Grenzen des damaligen Ostdeutschlands hinauswirkte.

Eine Figur, viele Bedeutungen

Doch das Sandmännchen ist mehr als nur ein Ritual zum Einschlafen. Es ist ein Symbol für Kontinuität und Tradition, ein Spiegel der gesellschaftlichen und kulturellen Entwicklungen. Es ist erstaunlich, wie eine so kleine Figur so viele Bedeutungen tragen kann: von der Unterstützung elterlicher Rituale über pädagogische Impulse bis hin zur Verbindung zwischen Generationen.

Die Geschichte des Sandmännchens ist zugleich die Geschichte von Kindheit und Familie, von Geschichten und Träumen, von kulturellen Unterschieden und Gemeinsamkeiten. Es zeigt, wie Rituale unser Leben prägen, und erinnert uns daran, wie wichtig diese kleinen Anker des Alltags sind – nicht nur für Kinder, sondern auch für uns Erwachsene.

Ein persönlicher Einstieg

Der Autor dieses Buches begibt sich mit einer besonderen Verbundenheit auf die Reise, die Geschichte des Sandmännchens zu erkunden. Schließlich war er selbst eines der vielen Kinder, die nach dem Sandmännchen schlafen gingen. Für ihn wie für so viele andere war diese Figur ein unverzichtbarer Teil des abendlichen Übergangs in die Ruhe.

Vielleicht erinnern auch Sie, liebe Leserin, lieber Leser, sich noch an diese Momente: die kleine Melodie, die Puppenfiguren, die beruhigende Stimme. Dieses Buch möchte Sie einladen, diese Erinnerungen aufleben zu lassen und zugleich tiefer in die Welt hinter dem Sandmännchen einzutauchen. Es ist eine Reise zu den Wurzeln einer Figur, die über Generationen hinweg eine unvergleichliche Wirkung entfaltet hat.

Ein Dank an die kleinen Rituale des Lebens

Das Sandmännchen ist ein Beispiel dafür, wie bedeutsam scheinbar kleine Dinge im Leben sein können. Ein paar Minuten Fernsehen, eine kurze Geschichte, ein beruhigendes Ritual – all das hinterlässt Spuren, die uns ein Leben lang begleiten.

Mit diesem Buch soll nicht nur die Geschichte des Sandmännchens erzählt werden, sondern auch die Bedeutung solcher Rituale gewürdigt werden. Sie sind es, die unserem Alltag Struktur und Sinn geben, die uns erinnern, dass das Leben in seinen einfachsten Momenten oft am schönsten ist.

Machen wir uns also auf den Weg, die Erfindung des Sandmännchens zu entdecken – und dabei vielleicht auch ein Stück unserer eigenen Kindheit wiederzufinden.

Die Geburt eines Mythos:

Das Sandmännchen in der Folklore

Erforschung der frühen Erzählungen über schlafbringende Wesen in europäischen Kulturen

In einer Welt, die oft vom Ungewissen der Nacht und den dunklen Schatten der Dämmerung geprägt war, entstand eine bemerkenswerte Erzähltradition: Geschichten von schlafbringenden Wesen, die den Übergang zwischen Tag und Nacht begleiteten. In vielen europäischen Kulturen waren solche Figuren tief verwurzelt. Sie waren nicht nur Mittel, um Kinder ins Bett zu bringen, sondern spiegelten auch den Wunsch der Menschen wider, den Schlaf und die damit verbundene Traumwelt zu erklären und zu kontrollieren.

Schlaf als magisches Phänomen

In vorindustriellen Gesellschaften war der Schlaf ein Mysterium. Ohne das heutige Wissen über Neurowissenschaften und den Schlafrhythmus betrachtete man das Einschlafen oft als eine Art kleiner Tod, eine Phase, in der die Seele den Körper verlassen konnte, um auf Reisen zu gehen. Diese Vorstellung schuf Raum für Geschichten, die erklärten, wie der Schlaf herbeigeführt wird und welche Wesen die Traumwelt bewachen oder beeinflussen.

Im Zentrum vieler dieser Erzählungen stand die Idee eines Wesens, das den Menschen in den Schlaf begleitet. Ob es der Sand war, den diese Figuren streuten, um die Augenlider schwer werden zu lassen, oder andere magische Mittel – die symbolische Kraft dieser Geschichten war enorm.

Die nordische Traumwelt:

Ole Lukøje und seine Verwandten

In den nordischen Ländern rankten sich zahlreiche Geschichten um schlafbringende Wesen. Eine der bekanntesten Figuren dieser Region ist Ole Lukøje, der ›Ole mit dem geschlossenen Auge‹. Diese Figur, die später durch Hans Christian Andersen literarisch verewigt wurde, streute den Menschen Sand oder Milch in die Augen, um sie in den Schlaf zu wiegen. Ole Lukøje war kein furchteinflößender Geist, sondern ein liebevoller Begleiter, der sowohl gute als auch schlechte Träume brachte.

Die Nordländer verbanden mit solchen Figuren eine tiefe Ehrfurcht vor der Nacht. Diese Erzählungen waren nicht nur Unterhaltungsstoff, sondern boten Kindern Sicherheit und Erwachsenen eine Erklärung für das Unbekannte.

Mitteleuropäische Vorstellungen:

Kobolde und Geister

Auch in den mitteleuropäischen Erzähltraditionen tauchten Figuren auf, die den Schlaf bewachten. Anders als Ole Lukøje waren sie oft ambivalenter. Kleine Kobolde oder unsichtbare Geister wurden als schlafbringende Wesen beschrieben. Sie schlichen nachts durch die Häuser, bliesen den Menschen eine Brise Schlafsand ins Gesicht und machten sie schläfrig.

Diese Geschichten waren oft eng mit der Angst vor der Dunkelheit verbunden. Während die Nacht in ihrer Ruhe Schutz bieten konnte, war sie zugleich die Zeit, in der unheimliche Kräfte wirkten. Das Sandmännchen, wie wir es heute kennen, ist eine domestizierte, kinderfreundliche Weiterentwicklung dieser mythischen Figuren, die ursprünglich auch abschreckend sein konnten.

Der Einfluss von Träumen und Traumdeutungen

In vielen Kulturen war der Schlaf untrennbar mit der Welt der Träume verbunden. Träume wurden als Botschaften aus einer anderen Welt verstanden, über die schlafbringende Wesen wie das Sandmännchen Zugang verschaffen konnten. Diese Figuren hatten eine Doppelfunktion: Sie brachten nicht nur den Schlaf, sondern waren auch die Hüter der Traumwelt.

Besonders spannend ist, wie der Sand in diesen Geschichten eine zentrale Rolle spielt. Er symbolisiert nicht nur den Schlaf, sondern auch die Augenlider, die sich schließen, und den Übergang in eine andere Realität.

Übergangsrituale für Kinder

In der europäischen Folklore wurden schlafbringende Geschichten oft in einen rituellen Kontext eingebettet. Eltern erzählten ihren Kindern von schlafbringenden Wesen, um die Kleinen dazu zu bringen, ins Bett zu gehen. Solche Erzählungen waren Teil eines größeren Systems von Übergangsritualen, die Kindern halfen, den Tag abzuschließen.

Diese Rituale boten Sicherheit und Orientierung, besonders in einer Zeit, in der die Nächte dunkel und von der Natur geprägt waren. Sie dienten nicht nur der Unterhaltung, sondern hatten eine wichtige psychologische Funktion: Sie vermittelten die Botschaft, dass die Nacht keine Bedrohung darstellt, sondern ein Teil des natürlichen Zyklus ist.

Das Sandmännchen als Symbol der Kontrolle

Die Erzählungen über schlafbringende Wesen waren auch Ausdruck des menschlichen Wunsches, das Unkontrollierbare zu bändigen. Der Schlaf war ein Zustand, in dem der Mensch keine Kontrolle mehr hatte, und doch sehnten sich die Menschen danach, ihn als etwas Vertrautes zu begreifen.

Die Vorstellung eines Sandmännchens, das diesen Zustand bewusst herbeiführt, war daher eine beruhigende Idee. Es gab den Menschen das Gefühl, dass sie nicht allein sind, dass ein wohlwollendes Wesen über sie wacht und sie sanft in den Schlaf geleitet.

Ein Fundament für die Zukunft

Die frühen Erzählungen über schlafbringende Wesen waren das Fundament, auf dem die moderne Figur des Sandmännchens später aufbaute. Sie spiegelten die Ängste, Hoffnungen und den Glauben der Menschen wider und brachten eine Symbolik hervor, die bis heute nachwirkt.

Das Sandmännchen ist nicht nur ein Mythos, sondern auch ein kulturelles Erbe, das uns daran erinnert, wie tief unsere Verbindung zum Schlaf und zur Traumwelt in der Geschichte verwurzelt ist. In diesen Erzählungen lebte der Wunsch weiter, die Nacht nicht nur als Ende des Tages, sondern auch als neuen Anfang zu begreifen – eine Reise, die mit ein wenig Sand beginnt.

Magischer Sand:

Symbolik und Ursprung des Schlafsands

Bedeutung und Ursprung der Idee von Sand als Mittel, um Schlaf und Träume herbeizuführen

Sand – ein so simples und alltägliches Material, und doch birgt er in den Erzählungen vieler Kulturen eine seltsame Magie. Seit Jahrhunderten ist er ein Symbol für das Einschlafen, für die Augenlider, die schwer werden, und für die Träume, die sich sanft in die Nacht hinein entfalten. Doch wie kam es, dass ausgerechnet Sand zur Verkörperung des Schlafs und der Traumwelt wurde? Die Antwort darauf liegt in der Verbindung von Mythologie, Psychologie und Symbolik, die über Jahrhunderte gewoben wurde.

Der Sand als Metapher für den Schlaf

Die Idee, dass Sand mit dem Schlaf verbunden ist, entspringt einer einfachen, aber wirkungsvollen Metapher: Sandkörner sind klein und zahlreich, wie die Sekunden, die in den Schlaf führen. Sie erinnern an die Sanduhr, ein uraltes Symbol für den Ablauf der Zeit, das unaufhaltsame Fortschreiten der Stunden und schließlich die Ruhe, die am Ende des Tages eintritt.

Die Vorstellung, dass Sand ›die Augen schließt‹, hat wohl auch ihren Ursprung in der physischen Empfindung von Müdigkeit. Wenn die Augen schwer werden, fühlt es sich an, als ob eine unsichtbare Kraft sie nach unten zieht – fast wie winzige Körner, die über die Lider rieseln. In diesem einfachen Bild fanden die Menschen eine poetische Erklärung für den Übergang von Wachheit zu Schlaf.

Mythische Ursprünge:

Sand und Magie

In den frühen Mythen vieler Kulturen spielte Sand eine magische Rolle. Er war nicht nur ein Symbol für Schlaf, sondern auch für Transformation und Bewegung zwischen den Welten. In ägyptischen Erzählungen etwa war Sand das Medium, durch das die Götter die Toten begleiteten. Auf ihrem Weg ins Jenseits wandelten die Seelen durch endlose Sandwüsten, die als Schwelle zwischen Leben und Tod verstanden wurden.

In der europäischen Folklore wurde Sand als Element gesehen, das sowohl irdisch als auch mystisch ist. Er ist wandelbar, fließend und doch greifbar – ein perfektes Symbol für den Schlaf, der selbst einen flüchtigen und schwer zu fassenden Zustand darstellt.

Der Sandmann und der Schlafsand

Die Verbindung von Sand mit Schlaf und Träumen wurde schließlich durch die Figur des Sandmanns populär gemacht. In vielen frühen Erzählungen streut der Sandmann Sand oder Staub in die Augen der Menschen, um sie müde zu machen und ihnen Träume zu bringen. Doch warum Sand und nicht ein anderes Mittel?

Ein Grund könnte die Nähe des Sandes zu Staub sein – einem Symbol für Vergänglichkeit und den Kreislauf des Lebens. In der christlichen Tradition findet sich der Ausdruck ›Staub zu Staub‹, der an die Endlichkeit des Lebens erinnert. Der Sandmann verwandelt diese Symbolik in etwas Beruhigendes: Er streut den Sand nicht, um Leben zu beenden, sondern um Ruhe und Erholung zu schenken.

Die psychologische Wirkung des Bildes

Die Vorstellung von Sand als Schlafbringer hat auch eine starke psychologische Komponente. Für Kinder ist der Sandmann ein sanfter Begleiter, der die Kontrolle über die Dunkelheit übernimmt. Er symbolisiert Sicherheit, weil er den Schlaf bewusst herbeiführt und nicht dem Zufall überlässt.

Der Schlafsand selbst ist dabei ein greifbares Bild für etwas Abstraktes. Träume und Schlaf sind schwer zu erklären, besonders Kindern. Der Sand macht diese unsichtbaren Prozesse verständlich: Er wird zum sichtbaren Zeichen für eine unsichtbare Kraft.

Symbolik in der Kunst und Literatur

Auch in der Kunst und Literatur wird Sand immer wieder mit Schlaf und Träumen in Verbindung gebracht. In E.T.A. Hoffmanns düsterer Erzählung Der Sandmann ist der Schlafsand

24

ein unheimliches Mittel, das Albträume und Angst hervorruft. In Hans Christian Andersens Ole Lukøje hingegen ist der Sand ein magisches Hilfsmittel, das schöne Träume zaubert.

Diese Dualität – die Ambivalenz von Sand als Quelle für Albträume oder süße Träume – spiegelt die Vielschichtigkeit des Schlafs wider. Er kann erholsam sein, aber auch voller Unruhe. Der Sand wird damit zu einem Symbol für die Macht der Nacht, die sowohl Schutz als auch Unsicherheit bringen kann.

Von der Symbolik zur Tradition

Die Idee des Schlafsands hat ihren Weg aus der Mythologie und Folklore in die Rituale des Alltags gefunden. Der Sandmann wurde zur Figur, die Eltern nutzen, um ihre Kinder ins Bett zu bringen. Der Sand, den er streut, ist zu einem Symbol für das Einschlafritual geworden – eine beruhigende Geschichte, die den Tag abschließt und den Schlaf einleitet.

Im Fernsehen, insbesondere in der Sendung ›Unser Sandmännchen‹, wird diese Tradition weitergeführt. Der Sand ist dabei ein visueller Anker: Die Kinder sehen, wie er gestreut wird, und wissen, dass es Zeit ist, zur Ruhe zu kommen.

Ein kleines, großes Symbol

Der Schlafsand ist ein faszinierendes Beispiel dafür, wie eine einfache Idee eine enorme kulturelle Bedeutung erlangen kann. Was als Metapher begann, wurde zu einem Symbol für Sicherheit, Ruhe und Träume.

Der Sand des Sandmanns erinnert uns daran, wie mächtig die Vorstellungskraft ist – und wie wir mit kleinen, scheinbar unbedeutenden Bildern große Erzählungen erschaffen können. Der Schlafsand ist mehr als nur ein Mittel zum Einschlafen; er ist ein Schlüssel zu einer Welt voller Geschichten, Träume und Magie.

Das Sandmännchen in Märchen und mündlichen Erzählungen

Wie das Sandmännchen in Volksmärchen und Erzähltraditionen auftauchte

Die Welt der Märchen und mündlichen Erzählungen ist ein Ort, an dem Magie und Wirklichkeit verschmelzen. In diesem Reich, das oft von fantastischen Figuren bevölkert wird, hat das Sandmännchen einen festen Platz gefunden. Mit seiner unscheinbaren, aber doch bemerkenswerten Rolle als Hüter des Schlafs und Bringer der Träume begegnet es uns immer wieder in den Geschichten Europas. Die Figur des Sandmännchens ist dabei nicht statisch, sondern wandlungsfähig, geprägt von den regionalen und kulturellen Bedürfnissen der Menschen, die diese Geschichten erzählen.

Eine vertraute Gestalt in einer fantastischen Welt

In Volksmärchen erscheint das Sandmännchen häufig als eine kleine, freundliche Gestalt, die sich leise und fast unsichtbar durch die Nacht bewegt. Es ist weder ein Held noch ein Unhold, sondern eine Zwischenfigur, die die Grenze zwischen Tag und Nacht bewacht. Die Menschen gaben ihm unterschiedliche Namen und Ausprägungen, aber seine zentrale Funktion blieb stets gleich: Schlaf zu bringen, Träume zu lenken und die Kinder in die Ruhe der Nacht zu begleiten.

In den nordischen Erzähltraditionen wird das Sandmännchen oft mit Ole Lukøje, dem Traumbringer, gleichgesetzt. Die Geschichten erzählen von einem kleinen Mann, der zwei Regenschirme mit sich führt: einen für schöne Träume und einen für Alpträume. Diese doppelte Natur des Sandmännchens spiegelt das ambivalente Verhältnis wider, das die Menschen zur Nacht und zum Schlaf hatten – eine Zeit der Erholung, aber auch eine Phase der Unsicherheit und Ungewissheit.

Das Sandmännchen als Hüter der Schwelle

In vielen Märchen verkörpert das Sandmännchen die Funktion eines Schwellenhüters. Es ist kein Held, der große Abenteuer erlebt, sondern ein stiller Wächter, der den Übergang zwischen Wachheit und Schlaf bewacht. Diese Rolle machte es zu einer vertrauenswürdigen Figur, besonders in einer Zeit, in der die Dunkelheit mit vielen Ängsten und Gefahren verbunden war.

Interessant ist, dass das Sandmännchen in einigen Erzählungen nicht nur als Begleiter des Schlafs, sondern auch als Vermittler zwischen Welten auftritt. Es hilft den Menschen, in die Traumwelt einzutreten, die oft als ein Ort der Erkenntnis und Heilung dargestellt wird. Der Sand, den es streut, wird dabei als eine Art magischer Schlüssel verstanden, der die Tür zu einer anderen Dimension öffnet.

Das Sandmännchen in deutschen Volksmärchen

Auch in deutschen Volksmärchen finden sich Spuren des Sandmännchens. Die Brüder Grimm sammelten zwar keine spezifischen Geschichten über das Sandmännchen, aber es taucht in Form verwandter Figuren auf, die eine ähnliche Funktion haben. Kobolde, die Kinder in den Schlaf wiegen, oder Geister, die über die Träume wachen, sind Beispiele für diese Erzählungen.

Ein bekanntes Motiv ist das der unsichtbaren Wesen, die nachts durch das Haus streifen und dabei Sand oder Staub auf die Augen der Menschen streuen. Diese Geschichten hatten oft eine doppelte Funktion: Zum einen sollten sie Kindern den Schlaf erleichtern, zum anderen dienten sie dazu, unheimliche Geräusche in der Nacht zu erklären. Der Sand wurde so zu einem beruhigenden Symbol, das die Dunkelheit entmystifizierte.

Die mündliche Weitergabe und ihre Variationen

Mündliche Erzählungen lebten von ihrer Flexibilität. Jede Generation fügte neue Details hinzu, passte die Geschichten an ihre Bedürfnisse und die Gegebenheiten der Zeit an. Dadurch entstand eine Vielzahl von Sandmännchen-Variationen, die sich in den verschiedenen Regionen Europas unterscheiden.

Im skandinavischen Raum sind die Geschichten oft von einer schlichten, fast asketischen Atmosphäre geprägt. Das Sandmännchen erscheint hier als eine pragmatische, aber freundliche Gestalt, die ihre Aufgabe still erfüllt. In südlicheren Regionen, etwa in Italien oder Spanien, finden sich hingegen Erzählungen, in denen der Sand durch Blumenstaub oder andere duftende Substanzen ersetzt wird, was den Geschichten eine romantischere Note verleiht.

Diese Variationen zeigen, wie eng das Sandmännchen mit den kulturellen Werten und Traditionen der jeweiligen Gesellschaft verbunden war. Es war nicht nur eine Figur, sondern ein Spiegel der Wünsche und Ängste der Menschen.

Die Bedeutung für Kinder und Familien

Märchen und mündliche Erzählungen über das Sandmännchen hatten eine besondere Bedeutung für Kinder. Sie waren nicht nur Unterhaltung, sondern auch ein wichtiges pädagogisches Werkzeug. Durch die Geschichten wurde der Schlaf zu etwas Vertrautem, ja, sogar Schönem gemacht.

Für Eltern waren diese Geschichten eine Möglichkeit, den Kindern die Angst vor der Dunkelheit zu nehmen. Das Sandmännchen war ein sanfter Vermittler, der Sicherheit und Geborgenheit ausstrahlte. Seine Präsenz in den Erzählungen schuf eine Brücke zwischen Eltern und Kindern, zwischen Fantasie und Realität.

Ein Mythos, der weiterlebt

Die Geschichten über das Sandmännchen haben die Zeiten überdauert, weil sie ein universelles Bedürfnis ansprechen: das

Verlangen nach Schutz und Ruhe in der Dunkelheit. Obwohl die mündliche Erzähltradition in der Moderne an Bedeutung verloren hat, lebt das Sandmännchen weiter – in neuen Medien, in neuen Geschichten und in den Herzen der Menschen.

Es ist erstaunlich, wie eine so kleine Figur einen so großen Platz in der kulturellen Erinnerung einnehmen konnte. Das Sandmännchen ist mehr als nur ein Märchen; es ist ein Symbol für die Macht der Geschichten, für die Magie des Alltäglichen und für die unendliche Fantasie, die die Menschen verbindet.

E.T.A. Hoffmanns Der Sandmann:
Die dunkle Seite der Figur

Analyse der literarischen Darstellung und ihrer Wirkung auf die Wahrnehmung des Sandmännchens

Es gibt Geschichten, die nicht nur fesseln, sondern auch nachhaltig verstören. E.T.A. Hoffmanns Erzählung ›Der Sandmann‹ (1816) gehört zweifellos zu diesen Werken. Sie wirft einen langen, düsteren Schatten auf die Figur des Sandmännchens, das bis dahin vor allem als Symbol für Geborgenheit und Ruhe bekannt war. Hoffmann kehrt das vertraute Bild des freundlichen Schlafbringers um und erschafft eine finstere Gestalt, die Albträume und Angst verbreitet. Diese literarische Darstellung hat nicht nur die Wahrnehmung des Sandmännchens in der Kultur verändert, sondern auch die Ambivalenz der Figur in den Mittelpunkt gerückt.

Hoffmanns düstere Interpretation:

Der Sandmann als Schreckgestalt

In Hoffmanns Erzählung begegnen wir dem Sandmann nicht als liebevoller Figur, die Kinder in den Schlaf begleitet, sondern als einem dämonischen Wesen, das Schrecken und Unheil bringt. Die Geschichte dreht sich um den jungen Nathanael, der als Kind von seinem Vater und dem unheimlichen Advokaten Coppelius terrorisiert wurde. Coppelius, so erzählt es

Nathanaels Kindheitserinnerung, sei der wahre Sandmann – ein Wesen, das Kindern Sand in die Augen streut, um diese herauszureißen und sie dann als Nahrung zu verwenden.

Dieses Bild, grotesk und beängstigend, ist das genaue Gegenteil der bis dahin bekannten Erzählungen vom Sandmännchen. Hier wird der Sand nicht als Symbol für Träume und Schlaf dargestellt, sondern als Werkzeug des Schreckens. Die Augen, die Coppelius angeblich entwendet, werden in Hoffmanns Erzählung zum zentralen Motiv, das für Wahrnehmung, Identität und die psychologische Zerrüttung Nathanaels steht.

Das Spiel mit der Wahrnehmung

Ein zentraler Aspekt in Hoffmanns Erzählung ist die Ungewissheit, ob der Sandmann tatsächlich existiert oder lediglich das Produkt von Nathanaels psychischer Instabilität ist. Hoffmann lässt bewusst offen, ob Coppelius tatsächlich ein übernatürliches Wesen ist oder ob es sich um eine Projektion von Nathanaels kindlicher Angst handelt. Diese Ambivalenz macht den Sandmann zu einer Figur, die sowohl greifbar als auch unfassbar bleibt.

Für den Leser verstärkt diese Ungewissheit das Unbehagen. Der Sandmann wird zu einem Symbol für alles, was wir nicht kontrollieren oder verstehen können – eine Verkörperung des Unbewussten, das immer wieder in Nathanaels Leben eindringt und es zerstört.

Die psychologische Tiefe der Erzählung

Hoffmanns Der Sandmann ist weit mehr als eine Schauerge-schichte. Sie ist eine psychologische Studie über die Macht der Kindheitstraumata und die Zerbrechlichkeit der menschlichen Psyche. Nathanael wird von seiner Angst vor dem Sandmann so sehr beherrscht, dass er schließlich den Bezug zur Realität verliert.

In der Psychoanalyse hat Sigmund Freud die Erzählung als Paradebeispiel für das Konzept des ›Unheimlichen‹ analysiert. Das Unheimliche, so Freud, entsteht, wenn etwas Vertrautes plötzlich fremd und bedrohlich erscheint. Der Sandmann, der ursprünglich ein Symbol für Schutz und Schlaf war, wird in Hoffmanns Erzählung in sein Gegenteil verkehrt: eine Gestalt, die den Schlaf stört, Träume in Albträume verwandelt und die Grenze zwischen Realität und Wahnsinn verwischt.

Der Einfluss auf die kulturelle Wahrnehmung des Sand-männchens

Hoffmanns Erzählung hatte einen tiefgreifenden Einfluss auf die Art und Weise, wie das Sandmännchen in der Literatur und Popkultur wahrgenommen wurde. Während der Sandmann in Volksmärchen und späteren Geschichten wie Hans Christian Andersens Ole Lukøje eine positive Figur war, wurde durch Hoffmann eine dunklere, ambivalentere Version etabliert.

Diese dunkle Interpretation fand ihren Weg in die Kulturgeschichte und beeinflusste viele spätere Darstellungen des Sandmännchens. In der modernen Popkultur, etwa in Filmen und Büchern, taucht der Sandmann immer wieder als zwiespältige Figur auf – mal als Beschützer, mal als Bedrohung. Hoffmanns Erzählung hat damit die Vielschichtigkeit der Figur offengelegt und sie zu einem Symbol für die menschliche Angst vor dem Unbekannten gemacht.

Eine Figur zwischen Licht und Schatten

Hoffmanns Der Sandmann zeigt, wie wandelbar und vieldeutig die Figur des Sandmännchens ist. Sie ist nicht nur ein Symbol für Ruhe und Schlaf, sondern auch für die dunklen Abgründe der menschlichen Seele. Hoffmanns Erzählung erinnert uns daran, dass das Vertraute – sei es der Schlaf, die Kindheit oder eine liebevolle Figur wie das Sandmännchen – immer auch eine unheimliche Seite haben kann.

Mit dieser Darstellung hat Hoffmann das Sandmännchen von einer einfachen Volksfigur zu einem literarischen Symbol erhoben. Es ist ein Symbol für die Ambivalenz des Schlafs, der uns gleichermaßen Erholung und Albträume bringen kann, und für die Unsicherheiten, die in unserem Unterbewusstsein lauern.

Hoffmanns Der Sandmann mag die dunkle Seite der Figur in den Vordergrund gerückt haben, doch genau diese Vielschichtigkeit macht sie so faszinierend. Der Sandmann ist damit nicht nur ein Mythos, sondern auch ein Spiegel der menschlichen Seele – in all ihren Facetten, von der Geborgenheit bis zur Angst.

Hans Christian Andersens Ole Lukøje:

Ein freundlicher Schlafbringer

Andersens positive Adaption und ihr Einfluss auf die kindliche Wahrnehmung

In der Literaturgeschichte ist Hans Christian Andersen bekannt als der Meister der Märchen, der Geschichten voller Magie und Menschlichkeit schuf. Mit Ole Lukøje, veröffentlicht im Jahr 1842, fügte er der Tradition der schlafbringenden Wesen eine besonders freundliche und kindgerechte Version hinzu. Andersens Ole Lukøje ist ein sanfter, lächelnder Begleiter, der den Übergang vom Wachsein zum Schlaf zu einem liebevollen Ritual macht.

Während E.T.A. Hoffmann mit seinem düsteren Sandmann die Ängste und Unsicherheiten der Nacht in den Mittelpunkt stellte, bot Andersen eine beruhigende Alternative. Sein Ole Lukøje brachte nicht nur Schlaf, sondern auch Träume, die voller Schönheit, Fantasie und Freude waren. Diese positive Adaption prägte die kindliche Wahrnehmung der Figur nachhaltig und machte sie zu einem Symbol für Sicherheit und Geborgenheit.

Ole Lukøje:

Ein sanfter Träumer

Der Name Ole Lukøje bedeutet im Dänischen ›Ole mit dem geschlossenen Auge‹. In Andersens Geschichte ist er ein kleiner, freundlicher Mann, der Kinder mit seinen Träumen verzaubert. Er trägt zwei Regenschirme: Einen, den er über die Kinder aufspannt, wenn sie sich gut benommen haben, und der ihnen herrliche Träume schenkt. Der andere, reserviert für ungezogene Kinder, ist leer und führt zu einem traumlosen Schlaf.

Dieses Detail verleiht der Geschichte eine subtile moralische Botschaft, wie sie typisch für Andersens Märchen ist. Kinder lernen, dass ihr Verhalten Konsequenzen hat, doch die Botschaft wird nie mit Strenge oder Drohung vermittelt. Stattdessen bleibt Ole Lukøje eine positive Figur, die sowohl Liebe als auch Orientierung schenkt.

Die Magie der Träume

Ole Lukøje ist nicht nur ein Schlafbringer, sondern auch ein Erzähler. In Andersens Geschichte streut er nicht einfach Sand, sondern begleitet die Kinder in ihre Träume und erzählt ihnen wundervolle Geschichten. Diese Träume sind reich an Bildern und Fantasie: Sie handeln von wunderschönen Gärten, großen Abenteuern oder wunderbaren Begegnungen.

Für Andersen, der als Kind selbst von Tagträumen und Geschichten fasziniert war, war die Traumwelt ein Ort des Trostes und der Kreativität. Mit Ole Lukøje wollte er Kindern die Möglichkeit geben, die Nacht nicht als Ende, sondern als Beginn einer neuen, aufregenden Welt zu sehen.

Ein freundlicher Begleiter der Kindheit

In Andersens Märchen hat Ole Lukøje nichts Beängstigendes. Er ist nicht unsichtbar, wie viele schlafbringende Figuren der Folklore, sondern tritt aktiv in Erscheinung. Er ist ein Tröster, ein Geschichtenerzähler und ein Hüter der Nacht. Diese Darstellung machte ihn zu einer der freundlichsten und liebevollsten Versionen des Sandmännchens.

Besonders für Kinder ist diese Vertrautheit wichtig. Ole Lukøje vermittelt die Botschaft, dass die Nacht keine Bedrohung darstellt, sondern ein Teil des Lebens ist, der voller Magie und Möglichkeiten steckt.

Einfluss auf die kindliche Wahrnehmung

Hans Christian Andersen schuf mit Ole Lukøje nicht nur ein Märchen, sondern eine Figur, die sich tief in die kulturelle Vorstellung eingeprägt hat. Kinder, die mit dieser Geschichte aufwuchsen, sahen den Schlaf und die Nacht in einem neuen Licht. Sie lernten, dass Träume etwas Schönes sein können, etwas, das sie mit Freude und Erwartung erfüllen sollte.

Auch die Eltern profitierten von Andersens Erzählung. Ole Lukøje wurde zu einem Mittel, um Kindern den Schlaf schmackhaft zu machen. Die Idee, dass ein kleiner Mann mit magischen Regenschirmen Träume bringt, machte das Einschlafen zu einem Abenteuer, das nicht mit Widerstand, sondern mit Vorfreude verbunden war.

Von der Literatur zur Popkultur

Die Figur des Ole Lukøje hat Andersens Heimat Dänemark nie verlassen und fand auch in anderen Ländern große Resonanz. Sie wurde zu einem festen Bestandteil der Kindheitsrituale vieler Familien. Später inspirierte Ole Lukøje die Entwicklung moderner Schlafrituale, etwa die Einführung von Gutenachtgeschichten oder Fernsehprogrammen wie das Sandmännchen, das Kinder ebenfalls mit Geschichten in die Nacht begleitet.

Auch in der Literatur und Kunst blieb die Figur lebendig. Andersens Darstellung des schlafbringenden Wesens beeinflusste spätere Autoren und Filmemacher, die die Magie des Schlafs und der Träume in ihren Werken aufgriffen.

Eine Vision von Geborgenheit

Mit Ole Lukøje gab Hans Christian Andersen der Figur des schlafbringenden Wesens eine neue Dimension. Er machte sie zu einem Symbol für die kindliche Fantasie und die Geborgenheit der Nacht. Andersens positive Adaption hat nicht nur die Wahrnehmung des Sandmännchens verändert, sondern auch gezeigt, wie Geschichten dazu beitragen können, Ängste zu lindern und die Welt der Kinder mit Magie zu erfüllen.

Ole Lukøje bleibt ein Beweis für Andersens Fähigkeit, selbst die alltäglichsten Aspekte des Lebens in Poesie zu verwandeln. Er ist ein Symbol dafür, dass die Nacht nicht nur das Ende des Tages ist, sondern auch eine Einladung, die Welt aus einer neuen Perspektive zu betrachten – voller Träume, Wunder und Hoffnung.

Die Kindheit im Wandel: Schlafrituale und ihre Bedeutung im 19. Jahrhundert

Soziokulturelle Entwicklung von Einschlafritualen in Europa

Das 19. Jahrhundert war eine Zeit des Wandels, nicht nur politisch und technologisch, sondern auch in der Art und Weise, wie Familien ihr tägliches Leben gestalteten. Besonders die Kindheit – ein Lebensabschnitt, der zuvor kaum besondere Aufmerksamkeit genoss – wurde neu definiert. Mit dieser veränderten Wahrnehmung gingen auch neue Rituale einher, die speziell darauf abzielten, Kindern Geborgenheit und Orientierung zu geben. Zu den wichtigsten gehörten die Einschlafrituale, die in dieser Zeit eine immer größere Bedeutung gewannen.

Die Geburt der modernen Kindheit

Noch im 18. Jahrhundert wurde Kindheit oft als eine Übergangsphase betrachtet, die möglichst rasch durchlaufen werden sollte. Kinder galten als kleine Erwachsene, die schnell in die Welt der Arbeit und der Verantwortung integriert werden mussten. Erst mit den Ideen der Aufklärung und den wachsenden Erkenntnissen über die kindliche Entwicklung begann ein Umdenken.

Im 19. Jahrhundert setzte sich langsam die Vorstellung durch, dass Kinder eine geschützte, kindgerechte Umgebung benötigten. Bildung, Spiel und Rituale wurden zu zentralen Elementen dieser neuen Kindheit. Schlafrituale wie das Erzählen von Geschichten, das Singen von Wiegenliedern oder der sanfte Übergang in die Nacht dienten dazu, den Kindern Sicherheit zu geben und ihre Fantasie zu fördern.

Die Rolle der Familie

Die Industrialisierung veränderte die Struktur der Familie. Während früher alle Generationen unter einem Dach lebten und Kinder oft von Großeltern oder älteren Geschwistern betreut wurden, wurde im 19. Jahrhundert die Kernfamilie – bestehend aus Eltern und Kindern – zum Ideal. Dies führte dazu, dass die Verantwortung für die Erziehung und die Rituale zunehmend bei den Eltern lag, insbesondere bei den Müttern.

Einschlafrituale entwickelten sich zu einem wichtigen Bestandteil des Familienlebens. Sie waren eine Möglichkeit, den Tag gemeinsam abzuschließen, insbesondere in einer Zeit, in der der Alltag zunehmend von Arbeit und Trennung geprägt war. Während der Vater oft lange außer Haus war, blieb es an der Mutter, durch Geschichten, Lieder oder Gebete eine Verbindung zwischen den Kindern und der Familie aufrechtzuerhalten.

Einschlafrituale und die kulturelle Identität

In Europa entwickelten sich Einschlafrituale, die stark von der jeweiligen Kultur geprägt waren. In Deutschland und Skandinavien etwa waren Wiegenlieder wie ›Schlaf, Kindlein, schlaf‹ oder ›Bjørnen sover‹ weit verbreitet. Sie vermittelten nicht nur eine beruhigende Atmosphäre, sondern auch Werte und Traditionen.

Das Erzählen von Geschichten spielte ebenfalls eine zentrale Rolle. Märchen der Brüder Grimm, Hans Christian Andersens Erzählungen oder lokale Sagen wurden zu einem festen Bestandteil der abendlichen Rituale. Diese Geschichten sollten nicht nur unterhalten, sondern auch moralische Botschaften übermitteln. Sie waren eine Verbindung zwischen der Vergangenheit und der Gegenwart, ein Weg, kulturelle Identität zu bewahren.

Die Symbolik des Schlafs

Im 19. Jahrhundert wurde Schlaf zunehmend als etwas betrachtet, das nicht nur körperlich notwendig, sondern auch seelisch bedeutsam war. Der Schlaf wurde als eine Zeit der Regeneration gesehen, in der Kinder neue Kraft schöpfen und ihre Eindrücke verarbeiten konnten.

Einschlafrituale dienten dazu, den Übergang von der Aktivität des Tages zur Ruhe der Nacht zu erleichtern. Der Schlaf wurde als eine Schwelle zwischen zwei Welten verstanden – einerseits dem realen, oft harten Alltag, andererseits der Traumwelt, die voller Magie und Möglichkeiten steckte.

Die Idee des Sandmännchens, das Schlaf bringt und Träume lenkt, war eine perfekte Verkörperung dieser Symbolik. Der Sandmann wurde in vielen Geschichten und Ritualen genutzt, um Kindern den Schlaf schmackhaft zu machen und ihnen die Angst vor der Dunkelheit zu nehmen.

Die Auswirkungen von Technologie und Urbanisierung

Die Industrialisierung brachte nicht nur gesellschaftliche Veränderungen, sondern auch neue Herausforderungen mit sich. Das Leben in den Städten, das Arbeiten in Fabriken und der Verlust der natürlichen Rhythmen führten dazu, dass viele Familien neue Wege finden mussten, um den Schlaf ihrer Kinder zu regulieren.

Gaslampen und später elektrische Beleuchtung verlängerten die Tage künstlich, was es schwieriger machte, natürliche Schlafgewohnheiten aufrechtzuerhalten. Einschlafrituale wurden zu einem Mittel, um trotz der veränderten Lebensbedingungen eine Routine zu schaffen.

Gleichzeitig bot die wachsende Verfügbarkeit von Büchern und gedruckten Geschichten eine neue Grundlage für diese Rituale. Kinderbücher und Märchensammlungen wurden populär, da sie es den Eltern erleichterten, Fantasie und Geborgenheit in den Alltag ihrer Kinder zu bringen.

Einschlafrituale als pädagogisches Werkzeug

Im 19. Jahrhundert begann auch die Pädagogik, die Bedeutung von Ritualen für die Entwicklung von Kindern zu erkennen. Einschlafrituale wurden nicht nur als Methode angesehen, um Kinder zur Ruhe zu bringen, sondern auch als Möglichkeit, ihre emotionale und kognitive Entwicklung zu fördern.

Die regelmäßige Wiederholung eines Rituals – sei es ein Lied, eine Geschichte oder ein Gebet – vermittelte den Kindern ein Gefühl von Sicherheit und Struktur. Gleichzeitig wurden ihre Fantasie und Kreativität angeregt. Besonders das Erzählen von Märchen half Kindern, ihre Ängste zu verarbeiten und eine Vorstellung von Moral und Werten zu entwickeln.

Das Erbe des 19. Jahrhunderts

Die Einschlafrituale des 19. Jahrhunderts legten den Grundstein für viele der Praktiken, die bis heute Teil des Familienlebens sind. Die Vorstellung, dass Schlaf nicht nur ein biologischer, sondern auch ein kultureller Prozess ist, wurde in dieser Zeit tief verankert.

Das Sandmännchen als Figur ist ein direkter Nachkomme dieser Tradition. Es verkörpert die Werte und Ideen, die im 19. Jahrhundert entwickelt wurden: die Bedeutung von Geborgenheit, die Magie der Träume und die Verbindung zwischen Eltern und Kindern.

Diese Rituale und Geschichten erinnern uns daran, dass der Schlaf mehr ist als eine biologische Notwendigkeit – er ist ein kulturelles Ereignis, ein Moment der Ruhe und des Zusammenhalts, der uns alle miteinander verbindet.

Die Industrialisierung und das Aufkommen moderner Erzählformen

Wie gesellschaftliche Veränderungen die Erzähltradition des Sandmännchens beeinflussten

Das 19. Jahrhundert war eine Zeit tiefgreifender gesellschaftlicher Umwälzungen. Mit der Industrialisierung veränderten sich nicht nur die Arbeits- und Lebensbedingungen der Menschen, sondern auch die Art und Weise, wie Geschichten erzählt und weitergegeben wurden. Diese Entwicklungen hatten einen enormen Einfluss auf die Erzähltradition des Sandmännchens, das sich an neue Bedürfnisse, Medien und kulturelle Kontexte anpassen musste.

Was einst in kleinen Kreisen mündlich überliefert wurde, fand nun zunehmend seinen Weg in gedruckte Märchenbücher, Zeitschriften und später auch in neue mediale Formate wie das Radio. Diese Transformation spiegelte nicht nur die technologischen Fortschritte wider, sondern auch die veränderten gesellschaftlichen Erwartungen an Geschichten und deren Funktion im Alltag.

Die Auswirkungen der Industrialisierung auf die Familienstruktur

Die Industrialisierung brachte eine Verlagerung des Lebensschwerpunkts vom Land in die Stadt mit sich. Familien, die zuvor in ländlichen Gemeinschaften lebten, in denen mündliche Erzählungen Teil des Alltags waren, sahen sich nun einer beschleunigten, oft anonymen städtischen Umgebung gegenüber.

Für viele Arbeiterfamilien bedeutete dies, dass traditionelle Rituale, darunter auch das Erzählen von Geschichten, unter Druck gerieten. Die langen Arbeitszeiten in Fabriken und die damit einhergehende Erschöpfung ließen weniger Raum für die abendlichen Erzählungen, die in vorindustriellen Zeiten fest im Alltag verankert waren.

Doch gerade in dieser Zeit entstand ein neues Bedürfnis nach verbindenden Momenten innerhalb der Familie. Das Sandmännchen, als Symbol für Ruhe und Geborgenheit, wurde zu einem Fixpunkt, um den herum neue Rituale geschaffen werden konnten. Geschichten, die früher mündlich weitergegeben wurden, fanden zunehmend in gedruckter Form ihren Platz im häuslichen Abendritual.

Die Verbreitung von Geschichten durch den Buchdruck

Die Entwicklung des Buchdrucks hatte bereits im 18. Jahrhundert die Verbreitung von Märchen und Geschichten revolutioniert. Im 19. Jahrhundert erreichte diese Bewegung ihren Höhepunkt: Märchenbücher wurden erschwinglicher und für breite Bevölkerungsschichten zugänglich.

Das Sandmännchen fand Eingang in zahlreiche Sammlungen, die speziell für Kinder konzipiert waren. Diese Bücher boten nicht nur Unterhaltung, sondern auch eine gewisse Moral und Bildung, die den Vorstellungen der Zeit entsprachen. Geschichten über das Sandmännchen wurden angepasst, um den wachsenden pädagogischen Ansprüchen gerecht zu werden, und boten zugleich einen Ankerpunkt für die Fantasie der Kinder.

Die Figur des Sandmännchens, die zuvor in mündlichen Traditionen oft regional geprägt war, begann sich durch den Druck von Büchern zu standardisieren. Die Vorstellung eines kleinen Mannes, der Sand streut, um Kinder in den Schlaf zu bringen, wurde zu einem weit verbreiteten und kulturell anerkannten Motiv.

Neue Medien, neue Möglichkeiten:

Der Übergang zur Moderne

Während der Buchdruck die Erzähltraditionen auf eine neue Grundlage stellte, brachte das späte 19. Jahrhundert weitere technologische Innovationen, die die Verbreitung von Geschichten revolutionierten. Mit der Erfindung von Zeitungen, Zeitschriften und später des Radios erhielten Geschichten eine Reichweite, die zuvor unvorstellbar war.

Das Sandmännchen fand seinen Platz in diesen neuen Formaten. In illustrierten Zeitschriften erschienen oft kurze Geschichten oder Gedichte, die das Sandmännchen als Protagonisten hatten. Die Illustrationen, die diese Erzählungen begleiteten, trugen dazu bei, die Figur visuell einprägsamer zu machen. Das Bild eines kleinen, freundlichen Mannes mit einem Sack Sand wurde zu einem kulturellen Archetyp.

Das Sandmännchen als Pädagoge und Tröster

In einer Zeit, in der die Industrialisierung viele Menschen in unsichere Verhältnisse stürzte, bot das Sandmännchen eine beruhigende Konstante. Geschichten über das Sandmännchen vermittelten nicht nur Geborgenheit, sondern auch Werte wie Fleiß, Höflichkeit und Gehorsam – Tugenden, die in der industrialisierten Gesellschaft hochgehalten wurden.

Das Sandmännchen wurde damit nicht nur zu einem Bringer von Schlaf und Träumen, sondern auch zu einem stillen Erzieher, der den Kindern half, sich in einer sich schnell verändernden Welt zurechtzufinden. Seine Geschichten boten eine Verbindung zu traditionellen Werten, während sie gleichzeitig die Bedürfnisse der modernen Gesellschaft widerspiegelten.

Vom Individuellen zum Universellen

Ein weiterer bemerkenswerter Effekt der Industrialisierung war die zunehmende Vereinheitlichung kultureller Erzählungen. Geschichten, die einst in kleinen Gemeinschaften individuell erzählt wurden, wurden durch die Verbreitung von Büchern und Zeitschriften zu universellen Narrativen.

Das Sandmännchen, das in verschiedenen Regionen Europas unterschiedlich dargestellt wurde, erfuhr eine Art Harmonisierung. Es wurde zu einer Figur, die in vielen Ländern ähnliche Eigenschaften hatte und somit zu einem Symbol für die europäische Erzähltradition insgesamt.

Ein Blick nach vorn:

Der Weg in die Moderne

Die Industrialisierung und die damit einhergehenden gesellschaftlichen Veränderungen waren ein Katalysator für die Transformation des Sandmännchens von einer folkloristischen Gestalt zu einer modernen Erzählfigur. Sie zwangen die Menschen, neue Wege zu finden, um Geschichten zu erzählen und zu bewahren, und schufen zugleich die Grundlage für die multimediale Verbreitung, die das Sandmännchen später zu einer Ikone des Fernsehens machen sollte.

Das Sandmännchen überlebte die Umbrüche des 19. Jahrhunderts, weil es sich anpassen konnte – an neue Medien, neue Lebensrealitäten und neue Bedürfnisse. Es blieb ein Symbol für Geborgenheit und Fantasie und zeigt, wie selbst in Zeiten des Wandels kleine Rituale und Figuren dazu beitragen können, den Alltag mit einem Hauch von Magie zu versehen.

Radio und Kinderhörspiele: Erste mediale Adaptionen des Sandmännchens

Das Sandmännchen im Rundfunk und seine Popularität in den frühen 1900er Jahren

Mit der Erfindung und Etablierung des Rundfunks in den frühen 1900er Jahren begann eine neue Ära der Geschichtenerzählung. Stimmen, die über den Äther flossen, brachten Geschichten in die Wohnzimmer, wo sie von Familien gemeinsam gehört wurden. Für Kinder bedeutete diese Entwicklung eine neue Form des Erzählens: das Hörspiel. Figuren, die zuvor nur in Büchern oder durch mündliche Erzählungen lebten, erhielten nun eine akustische Dimension.

Das Sandmännchen fand in diesem neuen Medium schnell seinen Platz. Die vertraute Figur, die seit Jahrhunderten Kinder in den Schlaf begleitet hatte, wurde im Radio zu einer Stimme – einer Stimme, die beruhigte, faszinierte und die Fantasie anregte.

Der Rundfunk als neue Bühne

In den 1920er Jahren begann das Radio, seinen Siegeszug durch Europa anzutreten. Es war ein Medium, das Geschichten nicht nur verbreiten, sondern auch auf völlig neue Weise erlebbar machen konnte. Für Kinder wurde das Radio zu einem abendlichen Begleiter. Insbesondere in der Zeit vor dem Schlafengehen schuf das Medium eine intime Atmosphäre, in der Stimmen aus der Ferne wie vertraute Freunde klangen.

Das Sandmännchen passte perfekt in dieses Format. Die Figur war bereits tief in der kulturellen Vorstellung verankert und mit dem Ritual des Einschlafens verbunden. Nun erhielt sie eine Stimme, die ihre Rolle als Vermittler zwischen Tag und Nacht noch verstärkte.

Die ersten Sandmännchen-Hörspiele

In den 1930er Jahren wurden die ersten Kinderhörspiele entwickelt, die explizit auf das Sandmännchen Bezug nahmen. Diese Programme, oft nur wenige Minuten lang, wurden speziell für die abendliche Sendezeit produziert. Sie begannen meist mit einer freundlichen Begrüßung durch das Sandmännchen, das die Kinder in eine kurze Geschichte einführte – eine Geschichte, die oft beruhigend, manchmal auch lehrreich war.

Das Hörspielformat bot dabei eine neue Art der Darstellung. Geräuscheffekte, Musik und die einfühlsame Stimme des Sprechers ließen das Sandmännchen lebendig werden. Es war nicht mehr nur eine Figur aus Büchern oder Erzählungen, sondern eine präsente, fast greifbare Begleitung in die Nacht.

Die Stimme des Sandmännchens

Besonders die Stimme des Sandmännchens spielte eine entscheidende Rolle für seinen Erfolg im Radio. Sie musste beruhigend sein, Vertrauen wecken und zugleich kindgerecht wirken. Viele Sender engagierten Schauspielerinnen oder Sprecher mit sanften, warmen Stimmen, die den Ton eines liebevollen Erzählers trafen.

Die Vorstellung, dass das Sandmännchen nun ›persönlich‹ mit den Kindern sprach, verlieh der Figur eine neue Dimension. Es war nicht mehr nur eine abstrakte Idee, sondern ein Charakter, den man hören konnte – ein Freund, der jede Nacht wiederkehrte.

Die Verbindung von Tradition und Moderne

Das Radio ermöglichte es, alte Traditionen in einem neuen Gewand zu präsentieren. Die Geschichten des Sandmännchens, die auf Märchen, Mythen und kindlichen Ritualen basierten, wurden durch das Medium modernisiert. Der Sand, den das Sandmännchen streute, konnte durch Geräuscheffekte lebendig gemacht werden. Die Traumwelten, die es beschrieb, wurden mit musikalischen Untermalungen zu einem Erlebnis, das über die bloße Vorstellungskraft hinausging.

Diese Verbindung von Tradition und Moderne machte das Sandmännchen zu einem beliebten Bestandteil des abendlichen Rituals in vielen Familien. Es war ein Beispiel dafür, wie kulturelles Erbe durch technologische Innovationen bewahrt und neu interpretiert werden konnte.

Die Wirkung auf die kindliche Fantasie

Das Sandmännchen im Radio hatte eine besondere Wirkung auf die Fantasie der Kinder. Im Gegensatz zu visuellen Medien wie Filmen oder später dem Fernsehen ließ das Radio Raum für eigene Bilder. Die Stimme des Sandmännchens, die Geschichten, die es erzählte, und die Geräusche, die es erzeugte, wurden in den Köpfen der Kinder zu individuellen Traumwelten.

Jedes Kind stellte sich das Sandmännchen anders vor, gab ihm ein Gesicht, eine Gestalt und einen Charakter. Diese aktive Beteiligung der Fantasie machte die Hörspiele zu einem intensiven Erlebnis, das sich tief in die Erinnerungen der Kinder einprägte.

Das Sandmännchen als kulturelles Phänomen

Die Popularität des Sandmännchens im Radio spiegelte die gesellschaftliche Bedeutung der Figur wider. Es war mehr als nur ein Charakter in einer Geschichte – es war ein Symbol für Geborgenheit, Ruhe und den Übergang in die Nacht.

Die regelmäßige Präsenz im Radio machte das Sandmännchen zu einer Institution, die Kinder und Eltern gleichermaßen schätzten. Für viele Familien war die abendliche Sandmännchen-Sendung ein fester Bestandteil des Tagesablaufs, der Struktur und Verlässlichkeit in den oft hektischen Alltag brachte.

Ein Vorbote für kommende Medien

Die Erfolge des Sandmännchens im Radio legten den Grundstein für seine spätere Popularität im Fernsehen. Die Figur hatte sich als flexibel erwiesen, als anpassungsfähig an neue Medien und neue Erzählformen. Das Radio war der erste Schritt in eine mediale Zukunft, die das Sandmännchen zu einer der bekanntesten und beliebtesten Figuren im deutschen Kulturraum machen sollte.

Doch bereits in den frühen 1900er Jahren zeigte das Sandmännchen, wie zeitlos seine Botschaft war. Ob in Märchen, Büchern oder im Radio – es blieb ein Symbol für die Magie der Nacht und die Kraft der Fantasie, die auch in einer sich rasant verändernden Welt Bestand hatte.

Der Aufstieg des Fernsehens: Ein neues Medium für Kindergeschichten

Die Einführung des Fernsehens und die Möglichkeiten für visuelle Erzählungen

Die Einführung des Fernsehens in den 1950er Jahren markierte einen tiefgreifenden Wandel in der Art und Weise, wie Geschichten erzählt und erlebt wurden. Nach Jahrzehnten, in denen Radio und Bücher die Fantasie beflügelten, eröffnete das Fernsehen völlig neue Möglichkeiten für die Darstellung von Figuren und Erzählungen. Es war ein Medium, das nicht nur hörbar, sondern auch sichtbar war und eine immersive Erlebniswelt schuf, die Kinder und Erwachsene gleichermaßen in ihren Bann zog.

Das Sandmännchen, eine Figur mit tiefen Wurzeln in der Folklore und der Mediengeschichte, fand in diesem neuen Medium eine ideale Bühne. Durch die visuelle Dimension wurde es lebendiger als je zuvor und erreichte eine neue Ebene der kulturellen Bedeutung.

Ein Medium mit magischer Wirkung

In den frühen Jahren des Fernsehens, als noch wenige Haushalte über ein eigenes Gerät verfügten, hatte das Medium eine fast magische Anziehungskraft. Bilder, die sich auf einem kleinen Bildschirm bewegten, übten eine unvergleichliche Faszination aus. Besonders Kinder, deren Fantasie bereits von Natur aus lebendig war, wurden von den neuen Möglichkeiten des Geschichtenerzählens begeistert.

Das Fernsehen ermöglichte es, Geschichten nicht nur zu hören, sondern auch zu sehen – Figuren erhielten Gesichter, Welten nahmen Form an, und Bewegungen erzählten mehr als Worte es jemals konnten. Diese visuelle Kraft war eine Revolution für die Kinderunterhaltung.

Das Fernsehen als Zuhause für das Sandmännchen

Das Sandmännchen hatte bereits im Radio eine treue Zuhörerschaft gefunden, doch das Fernsehen bot der Figur eine neue Dimension. Die Möglichkeit, das Sandmännchen nicht nur zu hören, sondern auch zu sehen, verstärkte seine Präsenz in den Kinderzimmern. Es wurde nicht länger nur von der Fantasie geformt, sondern erhielt ein festes Erscheinungsbild, das für Generationen prägend wurde.

Die ersten Fernsehproduktionen des Sandmännchens zeichneten sich durch Puppentrickfilme aus, eine Technik, die eine warme und handgemachte Ästhetik vermittelte. Die Figuren bewegten sich mit einer charmanten Langsamkeit, die perfekt zur beruhigenden Natur der abendlichen Geschichten passte. Die Animationen verliehen der Figur eine Persönlichkeit, die Kinder unmittelbar ansprach: freundlich, fürsorglich und ein wenig geheimnisvoll.

Erzählungen in Bewegung:

Die Kraft der Visualisierung

Durch das Fernsehen konnten Geschichten auf eine Weise erzählt werden, die zuvor undenkbar war. Bewegte Bilder ermöglichten es, komplexe Szenen darzustellen, Charaktere zum Leben zu erwecken und Emotionen direkt zu vermitteln. Das Sandmännchen profitierte von diesen Möglichkeiten.

Die kurzen Episoden des Sandmännchens enthielten oft kleine Abenteuer oder Traumsequenzen, die durch die visuelle Darstellung lebendig wurden. Ob das Sandmännchen auf einem fliegenden Teppich reiste, durch ein fantastisches Land wanderte oder auf einem Kometen ritt – die Bilder erweckten die Traumwelten zum Leben und ließen die Kinder in eine Welt eintauchen, die die Grenzen ihrer Vorstellungskraft erweiterte.

Eine universelle Sprache

Die visuelle Natur des Fernsehens machte das Medium zu einer universellen Sprache. Kinder, die zuvor auf das Verständnis von Worten angewiesen waren, konnten nun Geschichten durch Bilder verstehen. Dies war besonders wichtig in einer Zeit, in der Fernsehen nicht nur national, sondern auch international an Bedeutung gewann.

Das Sandmännchen, das in Deutschland seine größte Popularität erreichte, wurde zu einem Symbol für eine Erzähltradition, die kulturelle Grenzen überwinden konnte. Die universelle Symbolik des Sandes, des Schlafs und der Träume machte die Geschichten für Kinder aus allen sozialen Schichten zugänglich.

Technologische Innovation und kreative Freiheit

Die Einführung des Fernsehens brachte nicht nur technische Herausforderungen mit sich, sondern auch neue kreative Möglichkeiten. Puppenspieler, Animatoren und Drehbuchautoren experimentierten mit Techniken, um das Sandmännchen so lebendig und unterhaltsam wie möglich zu machen.

Der Puppentrick, der in den frühen Sandmännchen-Produktionen verwendet wurde, erforderte Geduld und Präzision. Jede Bewegung der Figuren musste sorgfältig geplant und ausgeführt werden, doch das Ergebnis war eine Wärme und Detailtreue, die das Publikum verzauberte.

Das Sandmännchen als tägliches Ritual

Mit dem Aufstieg des Fernsehens und der Einführung regelmäßiger Programme wurde das Sandmännchen zu einem festen Bestandteil des Tagesablaufs vieler Familien. Die abendliche Sendung, die oft gegen 18:50 Uhr ausgestrahlt wurde, war mehr als nur Unterhaltung – sie wurde zu einem Ritual.

Kinder wussten, dass mit dem Sandmännchen der Tag zu Ende ging. Es war ein Signal, das den Übergang von der Hektik des Tages zur Ruhe der Nacht markierte. Eltern nutzten das

Programm, um ihre Kinder auf das Schlafengehen vorzubereiten, und die beruhigende Natur der Geschichten machte diesen Übergang sanft und angenehm.

Eine kulturelle Ikone entsteht

Durch das Fernsehen wurde das Sandmännchen zu einer kulturellen Ikone. Die visuelle Präsenz der Figur prägte die Vorstellung, die Kinder von ihr hatten, und machte sie zu einem vertrauten Freund. Die Melodie, die das Sandmännchen begleitete, wurde zu einem akustischen Zeichen für Geborgenheit, das viele noch Jahrzehnte später mit ihrer Kindheit verbinden.

Das Fernsehen hatte die Macht, Figuren wie das Sandmännchen nicht nur in die Wohnzimmer zu bringen, sondern sie zu einem Teil des kollektiven Gedächtnisses zu machen. Die Möglichkeit, Geschichten visuell zu erzählen, verlieh dem Sandmännchen eine neue Tiefe und Relevanz, die es zu einem der bekanntesten und beliebtesten Kindercharaktere seiner Zeit machte.

Ein neues Zeitalter der Kinderunterhaltung

Die Einführung des Fernsehens war ein Wendepunkt für die Art und Weise, wie Geschichten erzählt wurden. Das Sandmännchen, das in diesem Medium eine neue Heimat fand, wurde zu einem Symbol für die Möglichkeiten des Fernsehens, Geschichten lebendig, emotional und unvergesslich zu machen.

Die visuelle Erzählung des Sandmännchens verband die Tradition der mündlichen und literarischen Geschichten mit der modernen Technologie und zeigte, wie Erzählungen auch in einer sich wandelnden Welt ihre Kraft behalten können.

DDR 1959: Die Erfindung des ersten Fernsehsandmännchens

Die Entstehungsgeschichte des Sandmännchens für das DDR-Fernsehen

Im Jahr 1959 begann in der DDR ein Abenteuer, das sich bald zu einem festen Bestandteil der Kindheit vieler Generationen entwickeln sollte: die Geburt des Sandmännchens im Fernsehen. In einer Zeit politischer Spannungen und gesellschaftlicher Umbrüche, in der die Medien zunehmend als Instrument der Erziehung und Propaganda genutzt wurden, war die Schaffung einer Figur wie des Sandmännchens eine kulturelle und pädagogische Meisterleistung.

Die Entstehungsgeschichte dieses kleinen Schlafbringers für das DDR-Fernsehen ist eine Geschichte von Kreativität, Eile und Weitsicht. Sie zeigt, wie eng Kultur und Politik miteinander verflochten waren – und wie eine scheinbar einfache Kinderfigur zum Symbol für Geborgenheit und Vertrautheit werden konnte.

Die Idee eines abendlichen Rituals

Ende der 1950er Jahre suchte das Fernsehen der DDR nach Wegen, sein Programm stärker an den Bedürfnissen von Familien auszurichten. Besonders die abendliche Sendezeit für Kinder wurde als Chance erkannt, eine Verbindung zwischen Fernsehen und Familie zu schaffen. Die Idee eines kurzen, beruhigenden Programms vor dem Schlafengehen kam auf – ein Ritual, das Eltern und Kindern gleichermaßen Orientierung bieten sollte.

Dabei knüpfte man bewusst an die Tradition der Gute-Nacht-Geschichten an, die in vielen Familien ohnehin einen festen Platz hatten. Doch im Fernsehen sollte diese Praxis eine neue Dimension erhalten: Ein visuelles Erlebnis, das die Kinder auf sanfte Weise in die Nacht entließ.

Der Wettlauf mit dem Westen

Die Initialzündung für die Entwicklung des Fernsehsandmännchens war jedoch nicht allein kulturell motiviert. Der Westen Deutschlands hatte ebenfalls Pläne für eine ähnliche Sendung, und die DDR wollte den ersten Schritt machen. Ein regelrechter Wettlauf begann, wer als Erster ein Sandmännchen ins Fernsehen bringen würde.

Die Verantwortlichen im Fernsehen der DDR arbeiteten unter Hochdruck. Innerhalb weniger Wochen musste eine Figur entwickelt, eine Geschichte geschrieben und die erste Episode produziert werden. Dabei zeigte sich die Stärke des DDR-Kreativteams: Mit begrenzten Ressourcen, aber großer Hingabe und handwerklichem Geschick entstand eine der bekanntesten Kinderfiguren des deutschen Fernsehens.

Die Geburt des DDR-Sandmännchens

Am 22. November 1959 war es so weit: Das DDR-Sandmännchen feierte seine Premiere. Die Figur, entworfen von Gerhard Behrendt, wurde als freundlicher, älterer Mann mit Bart und einer Zipfelmütze gestaltet. Seine warme Ausstrahlung, sein liebevolles Lächeln und der magische Sand, den er verstreute, machten ihn sofort zu einem Sympathieträger.

Die Sendung war kurz und prägnant, perfekt abgestimmt auf die Aufmerksamkeitsspanne kleiner Kinder. Das Sandmännchen reiste in jeder Episode auf fantasievolle Weise an – mal in einem fliegenden Auto, mal auf einem Segelschiff oder sogar in einer Rakete. Die Geschichten waren einfach, aber liebevoll erzählt, und endeten immer mit dem Ritual des Sandstreuens, das die Kinder symbolisch ins Bett schickte.

Puppenspielkunst als Markenzeichen

Ein entscheidender Faktor für den Erfolg des DDR-Sandmännchens war die Wahl des Puppenspiels als Darstellungsform. Die liebevoll gestalteten Puppen und Kulissen schufen eine warme, beinahe greifbare Welt, die Kinder sofort in ihren Bann zog.

Die Puppenspieler leisteten dabei Pionierarbeit. Jede Bewegung der Figuren, jeder kleine Schritt und jede Geste wurde sorgfältig geplant und umgesetzt. Diese handgemachte Ästhetik verlieh dem Sandmännchen eine Authentizität, die moderne Animationen oft vermissen lassen.

Politik und Pädagogik im Hintergrund

Auch wenn das Sandmännchen in erster Linie eine Figur für Kinder war, blieb seine Entstehung nicht unberührt von den politischen Rahmenbedingungen der DDR. Das Fernsehen wurde in der DDR als Mittel zur Erziehung und zur Vermittlung sozialistischer Werte verstanden.

Die Geschichten des Sandmännchens waren deshalb oft subtil von den Idealen der DDR geprägt. Episoden, in denen das Sandmännchen etwa in einem Traktor ankam oder mit einem Raumfahrzeug die ›Zukunft des Sozialismus‹ erkundete, sollten den Kindern ein positives Bild von Technik, Fortschritt und Gemeinschaft vermitteln.

Trotz dieser ideologischen Elemente gelang es den Machern, eine Balance zu finden. Das Sandmännchen wurde nie zu einem Werkzeug plumper Propaganda, sondern blieb in erster Linie ein liebevoller Begleiter für Kinder.

Ein unmittelbarer Erfolg

Schon kurz nach der ersten Ausstrahlung wurde das DDR-Sandmännchen zu einem riesigen Erfolg. Kinder warteten jeden Abend sehnsüchtig auf seine Ankunft, und Eltern schätzten die beruhigende Wirkung der kurzen Geschichten.

Das Sandmännchen wurde nicht nur ein Fernsehereignis, sondern auch Teil des Alltagslebens. Figuren, Bücher und

Spielzeuge rund um das Sandmännchen eroberten die Kinderzimmer. Die Sendung wurde zu einer der langlebigsten und erfolgreichsten Produktionen des DDR-Fernsehens.

Das Erbe der ersten Stunde

Die Einführung des Sandmännchens im DDR-Fernsehen war mehr als nur die Schaffung einer Kindersendung. Sie war ein kulturelles Ereignis, das die Verbindung zwischen Tradition und Moderne meisterhaft herstellte.

Die Figur des Sandmännchens, geboren aus einem Wettlauf und geprägt von den Idealen ihrer Zeit, ist heute ein Symbol für die Kraft der Geschichten und die Bedeutung von Ritualen im Leben der Menschen. Ihre Entstehungsgeschichte zeigt, wie Kreativität, Handwerk und Hingabe selbst unter schwierigen Bedingungen Großes hervorbringen können.

Das westdeutsche Sandmännchen: Ein Parallelversuch im ARD-Programm

Die parallele Entwicklung der westdeutschen Version des Sandmännchens

In der Bundesrepublik Deutschland der späten 1950er Jahre vollzog sich eine kulturelle und mediale Transformation. Das Fernsehen, das sich nach dem Zweiten Weltkrieg noch in seinen Anfängen befand, war dabei, sich zu einem zentralen Bestandteil des Familienlebens zu entwickeln. Während diese Entwicklung in Ostdeutschland zur Geburt des DDR-Sandmännchens führte, nahm auch in Westdeutschland die Idee eines abendlichen Rituals für Kinder Gestalt an.

Die Entstehung der westdeutschen Version des Sandmännchens war jedoch kein einfacher Prozess. Sie spiegelte sowohl den Wunsch wider, den Bedürfnissen der Zuschauer gerecht zu werden, als auch den kulturellen und politischen Kontext der jungen Bundesrepublik. Trotz ähnlicher Zielsetzungen wie im Osten entwickelten sich die beiden Sandmännchen in vielerlei Hinsicht unterschiedlich – ein spannender Parallelversuch, der die mediale und gesellschaftliche Teilung Deutschlands auf ganz eigene Weise widerspiegelt.

Die westdeutsche Idee:

Ein Kindgerechtes Abendprogramm

Das westdeutsche Fernsehen, vertreten durch die ARD, erkannte Ende der 1950er Jahre ebenfalls das Potenzial eines kurzen Kinderprogramms zur frühen Abendzeit. Ziel war es, ein Ritual zu schaffen, das Kinder beruhigte und ihnen signalisierte, dass der Tag zu Ende ging.

In einer Ära, in der die Nachkriegszeit noch in den Alltag hineinwirkte, sollte das Programm nicht nur unterhalten, sondern auch den Aufbau einer harmonischen Familienstruktur unterstützen. Das westdeutsche Sandmännchen wurde als eine Figur konzipiert, die Freundlichkeit, Geborgenheit und Nähe ausstrahlen sollte.

Eine Figur wird geboren

Die westdeutsche Version des Sandmännchens debütierte am 1. Dezember 1959, nur wenige Wochen nach dem DDR-Sandmännchen. Die Figur wurde als freundlicher, knuddeliger Charakter gestaltet, der Kinder ins Bett begleitet. Anders als das DDR-Sandmännchen, das auf Puppentrick setzte, wurde das westdeutsche Pendant vor allem durch Zeichentrick zum Leben erweckt.

Die Zeichnungen des westdeutschen Sandmännchens waren schlicht, aber liebevoll gestaltet. Es trug eine spitze Mütze, ein Lächeln auf den Lippen und vermittelte mit seiner sanften

Stimme eine beruhigende Wirkung. Der Fokus lag auf kurzen Gute-Nacht-Geschichten, die oft moralische Botschaften vermittelten, ohne belehrend zu wirken.

Technische Unterschiede und kreative Herausforderungen

Die Wahl des Zeichentricks für das westdeutsche Sandmännchen war nicht nur eine ästhetische Entscheidung, sondern auch eine Frage der technischen Möglichkeiten. Die ARD-Produktion setzte auf Animation, um die Geschichten des Sandmännchens visuell zu erzählen, was weniger ressourcenintensiv war als Puppentrick.

Die Animationen waren einfach gehalten, aber durch ihre warme und fantasievolle Gestaltung wirkten sie einladend und kindgerecht. Der Fokus lag auf bunten, lebhaften Szenen, die die Vorstellungskraft der Kinder anregten und die Übergangszeit zwischen Wachsein und Schlaf mit fröhlichen Bildern füllten.

Inhaltliche Ausrichtung:

Werte und Moral

Das westdeutsche Sandmännchen unterschied sich auch inhaltlich von seinem Pendant im Osten. Während das DDR-Sandmännchen oft Themen wie Technik und Fortschritt aufgriff, orientierte sich das westdeutsche Sandmännchen stärker an traditionellen Märchen und Erzählungen.

Die Geschichten, die das westdeutsche Sandmännchen erzählte, waren häufig zeitlos und universell. Sie handelten von Freundschaft, Hilfsbereitschaft und Ehrlichkeit – Tugenden, die in der Nachkriegszeit als besonders wichtig angesehen wurden. Diese Inhalte spiegelten den Wunsch wider, Kindern eine stabile und moralisch fundierte Welt zu präsentieren.

Rezeption und Resonanz

Die westdeutsche Version des Sandmännchens wurde von Kindern und Eltern gleichermaßen geschätzt. Die Sendung füllte eine Lücke im ARD-Programm und wurde schnell zu einem festen Bestandteil des abendlichen Rituals in vielen Haushalten.

Trotz des Erfolgs stand das westdeutsche Sandmännchen jedoch stets im Schatten seines DDR-Pendants. Die Puppentrick-Technik und die fantasievollen Reisen des DDR-Sandmännchens fanden eine größere Resonanz, nicht nur im Osten, sondern später auch im vereinigten Deutschland.

Das Erbe des westdeutschen Sandmännchens

Obwohl das westdeutsche Sandmännchen letztlich nicht die Popularität und Langlebigkeit des DDR-Sandmännchens erreichte, bleibt es ein wichtiger Teil der Geschichte. Es war ein Ausdruck des westdeutschen Fernsehens, das sich bemühte, eine eigene Identität zu schaffen, während es zugleich den Bedürfnissen der Kinder gerecht werden wollte.

Die Parallelexistenz der beiden Sandmännchen ist ein faszinierendes Zeugnis für die kulturellen und medialen Unterschiede der geteilten Nation. Das westdeutsche Sandmännchen war dabei mehr als nur ein Versuch, das Ritual des Gute-Nacht-Sagens zu gestalten – es war ein Spiegel der Werte und Ideale der westlichen Gesellschaft in einer Zeit des Umbruchs und der Neuerfindung.

Ein Kapitel der Mediengeschichte

Die parallele Entwicklung des west- und ostdeutschen Sandmännchens zeigt, wie tiefgreifend Medien die kulturelle Identität prägen können. Obwohl das westdeutsche Sandmännchen nicht die gleiche Strahlkraft entfaltete wie sein östliches Gegenstück, bleibt es ein wichtiger Teil der Geschichte des deutschen Fernsehens und ein Symbol für die Bemühungen, Kindern in einer sich wandelnden Welt Geborgenheit und Fantasie zu schenken.

Kulturelle Botschaften: Sozialistische Ideale im DDR-Sandmännchen

Analyse der ideologischen Einflüsse auf die Geschichten und Figuren des Ost-Sandmännchens

Das Sandmännchen des DDR-Fernsehens war weit mehr als nur eine liebenswerte Figur, die Kinder in den Schlaf begleitete. Es war ein Medium, durch das sozialistische Ideale subtil vermittelt wurden, eingebettet in Geschichten, die für Kinder ebenso unterhaltsam wie lehrreich sein sollten. In einer Zeit, in der die Medienlandschaft der DDR stark von ideologischen Vorgaben geprägt war, diente das Sandmännchen als Brücke zwischen Unterhaltung und Bildung, zwischen kindlicher Fantasie und politischen Botschaften.

Das Besondere an dieser Figur war, wie meisterhaft die Macher es verstanden, die Geschichten mit Themen zu füllen, die den Geist des Sozialismus widerspiegelten, ohne dabei ihren charmanten, unbeschwerten Charakter zu verlieren. Es war eine fein ausbalancierte Mischung aus politischer Erziehung und kindgerechter Unterhaltung.

Das Sandmännchen als Botschafter sozialistischer Werte

Von seiner ersten Ausstrahlung im Jahr 1959 an wurde das DDR-Sandmännchen bewusst genutzt, um die Ideale der sozialistischen Gesellschaft zu fördern. Die Geschichten und Figuren sollten den Kindern ein positives Bild von den Errungenschaften des Sozialismus vermitteln.

Die Themen der Sendung spiegelten oft die politischen und gesellschaftlichen Prioritäten der DDR wider. Technologische Fortschritte, die Bedeutung der Gemeinschaft und der Wert von Arbeit und Solidarität waren immer wiederkehrende Elemente. Besonders die Reisen des Sandmännchens in fantasievolle Welten dienten dazu, diese Botschaften auf eine zugängliche und inspirierende Weise zu präsentieren.

Technologie und Fortschritt als zentrale Motive

Ein markantes Beispiel für die ideologische Ausrichtung des Sandmännchens war die häufige Betonung technischer Errungenschaften. Das Sandmännchen reiste in seinen Episoden oft mit futuristischen Transportmitteln wie Raumfahrzeugen, Hochgeschwindigkeitszügen oder modernen Flugzeugen. Diese Darstellungen spiegelten die Begeisterung der DDR für wissenschaftlichen Fortschritt wider, insbesondere in Bereichen wie Raumfahrt und Technik, die auch im globalen Wettbewerb des Kalten Krieges von Bedeutung waren.

Die Botschaft war klar: Die sozialistische Gesellschaft war nicht nur ein Ort des Fortschritts, sondern auch ein Vorreiter in der technischen Entwicklung. Das Sandmännchen sollte den Kindern das Vertrauen vermitteln, dass sie in einer Welt aufwachsen, die von Innovation und Möglichkeiten geprägt ist.

Die Gemeinschaft als zentrales Element

Neben dem Fortschritt spielte die Idee der Gemeinschaft eine zentrale Rolle in den Geschichten des DDR-Sandmännchens. Die Episoden betonten oft, wie wichtig Zusammenarbeit und Solidarität sind, um Herausforderungen zu meistern.

In den Geschichten wurde gezeigt, wie verschiedene Figuren zusammenarbeiteten, um ein gemeinsames Ziel zu erreichen. Ob es darum ging, ein Dorf zu retten, ein technisches Problem zu lösen oder eine Reise ins All zu organisieren – immer war es die Gemeinschaft, die den Erfolg ermöglichte. Diese Erzählungen spiegelten die sozialistische Ideologie wider, die das Individuum als Teil eines größeren Ganzen sah, das durch Zusammenarbeit gestärkt wird.

Berufe und Arbeit als Vorbilder

Ein weiterer wichtiger Aspekt der Geschichten war die Darstellung von Berufen und Arbeit. Figuren wie Lokführer, Ingenieure, Astronauten oder Landwirte wurden häufig in einem positiven Licht dargestellt. Ihre Arbeit wurde nicht nur als notwendig, sondern auch als erfüllend und ehrenwert gezeigt.

Dies sollte den Kindern ein Bewusstsein für die Bedeutung der Arbeit vermitteln – ein zentraler Wert in der sozialistischen Ideologie. Gleichzeitig wurden traditionelle Berufe romantisiert, um die Kinder dazu zu inspirieren, ihren eigenen Platz in der Gesellschaft zu finden und einen Beitrag zu leisten.

Die Gestaltung der Figuren und ihre Botschaften

Auch die Nebenfiguren und Kulissen der Sandmännchen-Episoden waren stark von ideologischen Vorstellungen geprägt. Die Figuren waren oft freundlich und hilfsbereit, während Konflikte selten auf individueller Schuld basierten, sondern durch äußere Umstände oder Missverständnisse entstanden.

Die Kulissen spiegelten die Errungenschaften der DDR wider, von modernen Städten mit funktionaler Architektur bis hin zu wissenschaftlichen Laboren oder landwirtschaftlichen Genossenschaften. Diese visuelle Gestaltung verstärkte die Botschaft, dass die DDR ein Ort des Fortschritts und der Gemeinschaft war.

Ein subtiles, aber wirkungsvolles Werkzeug

Was das DDR-Sandmännchen besonders auszeichnete, war die Subtilität, mit der diese Botschaften vermittelt wurden. Die Geschichten waren nie offen propagandistisch, sondern immer kindgerecht und fantasievoll.

Die Macher des Sandmännchens verstanden es, die Ideale des Sozialismus in universelle Werte zu übersetzen, die auch unabhängig vom politischen Kontext zugänglich waren. Freundschaft, Zusammenarbeit, Respekt und die Freude an neuen Entdeckungen sind Werte, die jedes Kind versteht und schätzt – unabhängig von der Ideologie.

Ein liebevoller Begleiter trotz ideologischer Prägung

Für die Kinder der DDR war das Sandmännchen vor allem eines: ein vertrauter Begleiter, der ihnen jeden Abend eine Geschichte erzählte und sie beruhigend in die Nacht entließ. Die politische Dimension der Geschichten blieb für die meisten von ihnen unbewusst, doch die Werte und Botschaften, die sie vermittelten, hinterließen einen bleibenden Eindruck.

Das DDR-Sandmännchen ist ein faszinierendes Beispiel dafür, wie Unterhaltung und Erziehung in einem ideologischen Kontext miteinander verbunden werden können, ohne den Charme und die Magie der Geschichten zu verlieren. Es bleibt eine der beeindruckendsten kulturellen Leistungen der DDR – eine Figur, die über Generationen hinweg geliebt wurde und bis heute einen besonderen Platz in den Herzen vieler Menschen hat.

Abenteuer und Technik:

Das Sandmännchen reist ins All

Wie das DDR-Sandmännchen mit innovativen Themen Kinder faszinierte

In einer Zeit, in der die Raumfahrt ein Symbol für den Fortschritt und die Möglichkeiten der Menschheit wurde, fand das Sandmännchen seinen Platz in den Weiten des Universums. Die 1960er Jahre, geprägt von den Ereignissen des Weltraumrennens zwischen den USA und der Sowjetunion, inspirierten auch die Schöpfer des DDR-Sandmännchens zu neuen, innovativen Geschichten. Sie erkannten, dass das All nicht nur eine Bühne für technologische Errungenschaften war, sondern auch eine unendliche Quelle kindlicher Fantasie.

Durch die Verbindung von realistischen wissenschaftlichen Entwicklungen und märchenhaften Elementen bot das Sandmännchen Kindern eine faszinierende Mischung aus Abenteuer, Wissen und Träumen.

Der Weltraum als neues Erzähluniversum

Das Sandmännchen reiste von Anfang an mit unterschiedlichsten Fahrzeugen und auf fantasievollen Wegen. Doch der Weltraum bot eine besondere Möglichkeit: Hier konnte die Figur nicht nur Abenteuer erleben, sondern auch die Begeisterung für Technik und Fortschritt wecken, die im sozialistischen Geist der DDR fest verankert war.

Mit Raumschiffen, Raketen und Planetenfahrzeugen erkundete das Sandmännchen unbekannte Welten, traf freundliche außerirdische Wesen und brachte Botschaften von Frieden und Neugierde in die Kinderzimmer. Diese Geschichten griffen die Faszination für die Raumfahrt auf, die die gesamte Gesellschaft erfasst hatte, und übersetzten sie in ein für Kinder zugängliches Format.

Raumfahrt und sozialistischer Fortschrittsgedanke

Die Themen der Weltraumepisoden des Sandmännchens standen im Kontext des technologischen Wettbewerbs des Kalten Krieges. Der erste bemannte Raumflug durch Juri Gagarin im Jahr 1961 war ein Meilenstein, der die Sowjetunion und damit auch die DDR als Teil des Ostblocks in den Mittelpunkt der weltweiten Aufmerksamkeit rückte.

Das Sandmännchen übernahm diesen Fortschrittsgedanken und präsentierte ihn auf eine Weise, die für Kinder inspirierend war. Es vermittelte das Bild einer harmonischen, kooperativen Zukunft, in der Technologie nicht nur funktional, sondern auch magisch sein konnte. Raketen wurden nicht nur zu Transportmitteln, sondern zu Symbolen für den Aufbruch in eine bessere, gemeinsame Welt.

Technik trifft Fantasie

Die Stärke der Weltraumepisoden lag in ihrer Fähigkeit, Technik und Fantasie miteinander zu verbinden. Die Raumschiffe des Sandmännchens waren oft eine Mischung aus wissenschaftlicher Genauigkeit und kreativer Gestaltung. Mal ähnelten sie den Raketen der realen Raumfahrt, mal waren sie phantastische Konstruktionen, die an Traumwelten erinnerten.

Das Sandmännchen selbst wurde dabei nicht nur als Pilot, sondern auch als Entdecker und Botschafter dargestellt. Es zeigte, dass Technik nicht nur etwas für Erwachsene war, sondern auch Kinder ein Teil dieser Vision sein konnten.

Freundschaft über die Sterne hinaus

Eine zentrale Botschaft der Weltraumepisoden war die Idee von Freundschaft und Zusammenarbeit. In vielen Geschichten traf das Sandmännchen auf außerirdische Wesen, die neugierig, freundlich und hilfsbereit waren. Diese Begegnungen spiegelten die Hoffnung auf eine Welt wider, in der Unterschiede überwunden und Gemeinsamkeiten betont werden.

Die Kinder lernten durch diese Geschichten, dass das Unbekannte keine Bedrohung, sondern eine Gelegenheit für neue Freundschaften und Entdeckungen sein kann. Diese Botschaft war sowohl universell als auch eng mit der sozialistischen Ideologie verbunden, die von der Einheit und Solidarität der Menschheit sprach.

Ein Fenster in die Zukunft

Für viele Kinder der DDR waren die Weltraumreisen des Sandmännchens ein erster Kontakt mit der Idee, dass die Zukunft voller Möglichkeiten steckt. Die Geschichten weckten nicht nur Träume von Abenteuern, sondern auch ein Interesse an Wissenschaft und Technik.

In einer Zeit, in der Bücher und andere mediale Inhalte begrenzt waren, bot das Sandmännchen eine einzigartige Möglichkeit, diese Themen auf spielerische Weise zu vermitteln. Es erweiterte den Horizont der Kinder und machte den Weltraum zu einem Ort, der nicht nur erforscht, sondern auch geträumt werden konnte.

Ein Erbe der Fantasie und des Fortschritts

Die Weltraumepisoden des Sandmännchens sind ein beeindruckendes Beispiel dafür, wie Medien die Begeisterung für große Ideen in kleinen Geschichten verpacken können. Sie kombinierten die Ideale des Fortschritts und der Solidarität mit einer kindlichen Freude an Abenteuern und Wundern.

Noch heute erinnern sich viele an diese Episoden, die nicht nur Teil der Abendrituale waren, sondern auch ein Fenster in eine Welt öffneten, die so weit entfernt und doch so nah war. Das Sandmännchen im All ist ein Symbol dafür, wie Geschichten die Grenzen der Realität überschreiten können – um Träume wahr werden zu lassen.

Unterschiedliche Stile: Puppentrick im Osten, Zeichentrick im Westen

Die ästhetischen und technischen Unterschiede zwischen den beiden Sandmännchen-Versionen

Die beiden Sandmännchen-Versionen, die 1959 fast zeitgleich in der DDR und der BRD ins Fernsehen kamen, sind ein bemerkenswertes Beispiel für die unterschiedliche Herangehensweise an Kindermedien in den beiden deutschen Staaten. Beide hatten das gleiche Ziel: Kinder auf den Schlaf vorzubereiten und ein liebevolles Ritual zu schaffen. Doch die Umsetzung – ästhetisch, technisch und erzählerisch – war grundverschieden.

Während das DDR-Sandmännchen vor allem durch aufwendigen Puppentrick bestach, setzte das westdeutsche Pendant auf Zeichentrick. Diese stilistischen Unterschiede spiegelten nicht nur die technologischen und kreativen Ansätze der jeweiligen Medienlandschaft wider, sondern auch die kulturellen und gesellschaftlichen Unterschiede zwischen Ost und West.

Der Puppentrick des DDR-Sandmännchens:

Ein Stück Handwerkskunst

Das Sandmännchen der DDR wurde von Anfang an in aufwendiger Puppentricktechnik umgesetzt. Die Figuren, liebevoll

81

aus Stoff, Holz und anderen Materialien gefertigt, waren echte Kunstwerke. Jedes Detail – von den Gesichtern bis zu den kleinen Kleidungsstücken – wurde mit großer Sorgfalt gestaltet, um die Figuren lebendig und charmant wirken zu lassen.

Die Puppen wurden in eigens dafür gebauten Miniaturkulissen bewegt, die oft aufwendig gestaltet waren. Diese Kulissen gaben den Geschichten eine warme, greifbare Atmosphäre. Das Sandmännchen reiste mit seinen kleinen Fahrzeugen durch Landschaften, die an reale Orte erinnerten, aber auch Platz für Fantasie ließen.

Die Technik hinter dem Puppentrick war anspruchsvoll und zeitintensiv. Jede Bewegung der Figuren wurde in Einzelbildern aufgenommen, ein Prozess, der viel Geduld und handwerkliches Geschick erforderte. Doch das Ergebnis war beeindruckend: Die Figuren hatten eine physische Präsenz, die sie fast greifbar machte, und ihre Bewegungen wirkten lebendig und menschlich.

Zeichentrick im Westen:

Leichtigkeit und Abstraktion

Das westdeutsche Sandmännchen hingegen setzte auf Zeichentrick, eine Technik, die zu dieser Zeit in der BRD zunehmend an Bedeutung gewann. Der Einsatz von Zeichnungen ermöglichte eine flüssigere Animation und eröffnete kreative Freiheiten, die mit Puppentrick schwer zu realisieren waren.

Die Figuren des westdeutschen Sandmännchens waren far-
benfroher und stilisierter. Sie hatten einfache, aber ausdrucks-
starke Gesichtszüge, die Kinder leicht wiedererkennen konnten. Der Zeichentrickstil erlaubte es den Produzenten, Szenen
zu gestalten, die dynamischer und oft humorvoller wirkten.

Die Geschichten des westdeutschen Sandmännchens waren
stärker auf Unterhaltung ausgerichtet und enthielten oft komö-
diantische Elemente. Die Ästhetik des Zeichentricks trug dazu
bei, eine spielerische Leichtigkeit zu schaffen, die die Erzählungen betonte.

Technische und kreative Hintergründe der Unterschiede

Die Entscheidung für Puppentrick im Osten und Zeichentrick im Westen war nicht nur eine Frage des Geschmacks,
sondern auch der verfügbaren Ressourcen und Produktions-
möglichkeiten.

In der DDR war der Puppentrick eine etablierte Technik, die
bereits bei anderen Produktionen, etwa Märchenfilmen, erfolgreich eingesetzt wurde. Puppenspiel hatte in der ostdeutschen
Kultur eine lange Tradition, und das Handwerk war hoch angesehen. Zudem war die Technik wirtschaftlich, da sie auf lokalen
Ressourcen und Fähigkeiten aufbaute.

Im Westen hingegen wurde Zeichentrick als moderner und
vielseitiger angesehen. Die BRD hatte Zugang zu internationalen Trends, insbesondere aus den USA, wo der Zeichentrick-
film bereits eine lange Geschichte hatte. Der westdeutsche

Sandmann orientierte sich stilistisch teilweise an diesen Einflüssen und präsentierte sich als zeitgemäßes, dynamisches Produkt.

Die Wirkung auf die Zuschauer

Die unterschiedlichen Techniken hatten auch Auswirkungen darauf, wie die beiden Sandmännchen von den Kindern wahrgenommen wurden.

Das Puppentrick-Sandmännchen der DDR wurde oft als wärmer und vertrauter empfunden. Die greifbare, fast real wirkende Welt der Puppen vermittelte ein Gefühl von Geborgenheit. Die liebevollen Details der Figuren und Kulissen luden dazu ein, sich in die Geschichten hineinzuversetzen und sie als Teil der eigenen Fantasie zu erleben.

Der Zeichentrick im Westen hingegen sprach durch seine Leichtigkeit und Farbigkeit ein jüngeres Publikum an. Die dynamischen Bewegungen und humorvollen Geschichten machten das westdeutsche Sandmännchen zu einer unterhaltsamen, aber weniger tiefgründigen Figur.

Zwei Stile, ein gemeinsames Ziel

Trotz der Unterschiede in Stil und Technik hatten beide Sandmännchen-Versionen dasselbe Ziel: Kinder zu beruhigen, ihnen Geborgenheit zu vermitteln und sie sanft in die Nacht zu begleiten. Beide Ansätze hatten ihre Stärken, und beide waren erfolgreich in ihrer Zeit.

Das DDR-Sandmännchen erlangte durch seine aufwendige Produktion und die emotionalen Geschichten eine größere Langlebigkeit. Es wurde nicht nur ein Fernsehprogramm, sondern ein kulturelles Phänomen, das auch nach der Wiedervereinigung Bestand hatte. Das westdeutsche Sandmännchen hingegen konnte mit der handwerklichen Perfektion und dem Charme des Puppentricks nicht konkurrieren und verschwand schließlich aus dem Programm.

Ein Erbe zweier Welten

Die parallele Existenz der beiden Sandmännchen-Versionen ist ein faszinierendes Kapitel der deutschen Mediengeschichte. Sie zeigt, wie unterschiedlich technische und ästhetische Entscheidungen die Wahrnehmung einer Figur prägen können – und wie beide Ansätze auf ihre Weise erfolgreich sein können.

Die Puppen des DDR-Sandmännchens und die Zeichnungen des westdeutschen Pendants stehen heute als Symbole für zwei Welten, die durch das Fernsehen verbunden und doch getrennt waren. Beide Sandmännchen sind Teil des kulturellen Erbes, das Generationen von Kindern geprägt hat – jedes auf seine eigene, unverwechselbare Weise.

Die Zuschauer entscheiden: Der Erfolg des Ost-Sandmännchens

Warum das DDR-Sandmännchen populärer wurde und das West-Sandmännchen verdrängte

Die Geschichte des DDR-Sandmännchens ist die eines unerwarteten Triumphs. Was ursprünglich als Kinderprogramm in einem geteilten Land begann, entwickelte sich zu einem kulturellen Phänomen, das nicht nur die Herzen der Kinder in der DDR eroberte, sondern nach der Wiedervereinigung auch zu einem Symbol für Kontinuität und Nostalgie wurde.

Doch warum war das Ost-Sandmännchen so viel erfolgreicher als sein westdeutsches Pendant? Warum wurde das West-Sandmännchen, trotz ähnlicher Zielsetzung und zeitgleicher Einführung, aus den Fernsehprogrammen verdrängt? Die Antwort darauf liegt in der Kombination aus handwerklicher Perfektion, emotionalem Tiefgang und einer Verbindung zur Kultur der Zuschauer, die das DDR-Sandmännchen einzigartig machte.

Handwerk und Detailverliebtheit:

Der Charme des Puppentricks

Einer der herausragenden Gründe für den Erfolg des Ost-Sandmännchens war die Qualität der Produktion. Der Puppentrick, der für die Darstellung der Figuren und Geschichten verwendet wurde, verlieh dem Programm eine besondere Ästhetik. Die Puppen wirkten lebendig, die Kulissen detailreich und realistisch. Jede Episode wurde mit Sorgfalt und Hingabe erstellt, und das spürten die Zuschauer.

Die Figuren des Sandmännchens hatten eine Wärme und Präsenz, die Kinder und Erwachsene gleichermaßen ansprach. Das Puppenspiel verlieh ihnen eine Greifbarkeit, die im Zeichentrick des West-Sandmännchens fehlte. Während die Animation im Westen zwar modern und lebendig war, wirkte sie oft weniger intim und emotional.

Vielfalt und Fantasie:

Die Reisen des Sandmännchens

Ein weiteres Erfolgsgeheimnis des DDR-Sandmännchens war die enorme Vielfalt der Geschichten. Jede Episode brachte das Sandmännchen in ein neues Abenteuer, und die Transportmittel, die es nutzte, reichten von Raketen und Booten bis hin zu Fantasiekonstruktionen. Diese kreativen Reisen boten den Kindern nicht nur Unterhaltung, sondern auch Inspiration für ihre eigenen Träume.

Die fantasievollen Episoden gaben dem DDR-Sandmännchen eine dynamische und universelle Qualität. Es konnte jede Grenze überschreiten, jede Welt erkunden und wurde so zu einer Figur, die die Fantasie der Kinder beflügelte. Im Vergleich dazu wirkte das westdeutsche Sandmännchen oft statischer und weniger abenteuerlustig.

Emotionale Bindung:

Ein vertrauter Freund

Das Sandmännchen der DDR war mehr als nur ein Fernsehcharakter – es war ein Begleiter, der jeden Abend verlässlich erschien, um den Tag zu beenden. Viele Kinder fühlten eine enge emotionale Bindung zu der Figur, die mit ihrem beruhigenden Auftreten Geborgenheit vermittelte.

Das Ritual des Sandstreuens, das in jeder Episode vorkam, wurde zu einem Symbol des Übergangs vom Wachsein in die Nacht. Dieses wiederkehrende Element gab den Kindern nicht nur Struktur, sondern auch das Gefühl, dass das Sandmännchen ein vertrauter Freund war, auf den sie sich verlassen konnten.

Im Gegensatz dazu fehlte dem westdeutschen Sandmännchen diese tiefere emotionale Ebene. Es war zwar ebenfalls freundlich und kindgerecht, konnte jedoch nicht die gleiche Vertrautheit und Nähe aufbauen.

Kulturelle Verankerung in der DDR

Ein weiterer entscheidender Faktor für den Erfolg des Ost-Sandmännchens war seine enge Verbindung zur Kultur und den Werten der DDR. Das Sandmännchen war nicht nur ein Unterhaltungsprogramm, sondern auch ein Spiegel der gesellschaftlichen Ideale. Die Geschichten betonten Themen wie Gemeinschaft, Solidarität und Fortschritt und vermittelten ein positives Bild von Technik und Wissenschaft.

Diese Werte trafen den Nerv der Zeit und resonierten mit der Lebenswelt der Kinder und ihrer Familien. Das Sandmännchen wurde zu einem Symbol für die positiven Seiten der DDR-Kultur und blieb auch nach der Wiedervereinigung in den Herzen vieler Zuschauer verankert.

Nach der Wende:

Das Ost-Sandmännchen setzt sich durch

Mit der deutschen Wiedervereinigung im Jahr 1990 begann ein Prozess der Neugestaltung und Integration in vielen Bereichen des Lebens – auch im Fernsehen. Die Frage, welches Sandmännchen in der neuen, vereinten Medienlandschaft überleben würde, war schnell beantwortet: Das Ost-Sandmännchen setzte sich klar durch.

Der Grund dafür lag nicht nur in seiner Popularität in der DDR, sondern auch in seiner größeren künstlerischen und erzählerischen Qualität. Das Puppentrick-Sandmännchen hatte sich über Jahrzehnte einen festen Platz in den Abendritualen der Familien erarbeitet und war tief im kollektiven Gedächtnis verankert.

Das westdeutsche Sandmännchen hingegen hatte sich nie zu einer solch zentralen Figur entwickelt. Es wurde schließlich aus dem Programm genommen, während das DDR-Sandmännchen auch im Westen viele neue Fans gewann.

Ein nationales Symbol für Nostalgie und Zusammenhalt

Heute ist das Ost-Sandmännchen ein Symbol für eine Zeit, in der das Fernsehen noch ein verbindendes Element war. Es steht für die Macht kleiner Rituale und für die Bedeutung von Geschichten, die über Generationen hinweg erzählt werden.

Dass es das westdeutsche Sandmännchen verdrängte, ist kein Zufall, sondern ein Beleg für seine universelle Anziehungskraft und seine Fähigkeit, Kinderherzen zu erreichen – unabhängig von politischen Grenzen. Das Sandmännchen ist ein Beispiel dafür, wie eine Figur die Kraft haben kann, kulturelle Unterschiede zu überwinden und ein Gefühl von Heimat und Geborgenheit zu schaffen.

Nach der Wiedervereinigung:
Die Integration des Sandmännchens

Wie das Sandmännchen nach 1989 zur nationalen Einheitssymbolik wurde

Die deutsche Wiedervereinigung im Jahr 1990 war ein Wendepunkt in der Geschichte des Landes – ein Moment, der viele Hoffnungen, aber auch Herausforderungen mit sich brachte. Inmitten der politischen, wirtschaftlichen und gesellschaftlichen Transformationen wurde auch das kulturelle Erbe beider deutscher Staaten neu bewertet.

Das Sandmännchen, diese scheinbar unscheinbare Figur des Kinderfernsehens, spielte in diesem Prozess eine unerwartet bedeutende Rolle. Nach Jahrzehnten, in denen zwei unterschiedliche Sandmännchen-Versionen das Leben der Kinder in Ost- und Westdeutschland geprägt hatten, wurde die Frage nach ihrer Zukunft zu einem kulturellen Prüfstein. Wie sollte eine Figur, die tief in der DDR-Kultur verwurzelt war, in das gesamtdeutsche Fernsehen integriert werden? Und könnte sie als Symbol für Einheit und Zusammenhalt dienen?

Ein geliebtes Ritual in einer neuen Zeit

Nach der Wiedervereinigung standen viele ostdeutsche Familien vor großen Veränderungen. Gewohnheiten, Traditionen und Alltagsrituale wurden in Frage gestellt oder durch neue ersetzt. Doch das Sandmännchen, das seit 1959 treu jeden Abend auf den Bildschirmen erschienen war, blieb für viele Ostdeutsche ein unverzichtbarer Teil ihres Lebens.

In Westdeutschland hingegen hatte das westdeutsche Sandmännchen bis dahin eine weitaus geringere kulturelle Bedeutung erlangt. Es fehlte der emotionalen Bindung, die das DDR-Sandmännchen durch seine aufwendige Gestaltung und die liebevollen Geschichten aufgebaut hatte. Dies führte dazu, dass die Entscheidung, das Ost-Sandmännchen in das gesamtdeutsche Fernsehen zu übernehmen, fast selbstverständlich erschien.

Die Integration des Ost-Sandmännchens in die Programme des wiedervereinigten Deutschlands war mehr als nur eine pragmatische Wahl. Sie war ein symbolischer Akt, der den Respekt vor der kulturellen Identität der ehemaligen DDR signalisierte.

Das Ost-Sandmännchen erobert den Westen

Nach der Wiedervereinigung wurde das DDR-Sandmännchen nicht nur im Osten, sondern auch im Westen ausgestrahlt – und schnell gewann es dort neue Fans. Kinder, die das westdeutsche Sandmännchen bisher gekannt hatten, waren fasziniert von der warmen, handgemachten Ästhetik des Puppentricks und den fantasievollen Geschichten des Ost-Sandmännchens.

Die Qualität der Produktion und die emotionale Tiefe der Erzählungen machten es leicht, die Herzen der westdeutschen Zuschauer zu gewinnen. In kurzer Zeit wurde das Ost-Sandmännchen zu einem festen Bestandteil des gesamtdeutschen Fernsehens und löste das westdeutsche Pendant vollständig ab.

Symbol für Einheit und Nostalgie

Die Vereinigung der beiden deutschen Staaten war eine komplexe und oft schmerzhafte Angelegenheit, die viele Anpassungen und Kompromisse erforderte. In diesem Kontext wurde das Sandmännchen zu einem seltenen Beispiel für etwas, das nicht trennte, sondern verband.

Für viele Ostdeutsche war die Beibehaltung ihres vertrauten Sandmännchens ein Zeichen dafür, dass nicht alles, was aus der DDR stammte, verloren ging. Es symbolisierte Kontinuität in einer Zeit des Umbruchs und wurde zu einer Brücke zwischen Vergangenheit und Gegenwart.

Im Westen hingegen wurde das Ost-Sandmännchen zu einem Symbol für die kulturelle Vielfalt des wiedervereinigten Deutschlands. Es bot eine Möglichkeit, die Traditionen des Ostens kennenzulernen und wertzuschätzen, ohne sie zu idealisieren.

Ein vereintes Sandmännchen für ein vereintes Land

Das Sandmännchen wurde schließlich zu einer nationalen Ikone, die über politische und kulturelle Grenzen hinausreichte. Seine Geschichten, die von Fantasie, Freundschaft und Abenteuern handelten, sprachen Kinder in ganz Deutschland gleichermaßen an.

Dabei verlor das Sandmännchen nie seine Wurzeln. Es blieb ein Sinnbild für die Werte, die es in der DDR verkörpert hatte: Gemeinschaft, Fortschritt und die Magie des Alltags. Doch es entwickelte sich auch weiter, passte sich den neuen Zeiten an und wurde zu einem Symbol für die Kraft von Ritualen und Geschichten, die Menschen verbinden können.

Das Erbe des Sandmännchens

Heute, mehr als drei Jahrzehnte nach der Wiedervereinigung, ist das Sandmännchen ein Stück gelebte Geschichte. Es erinnert daran, dass Kultur und Identität nicht immer auf Konflikt hinauslaufen müssen, sondern auch Mittel der Verständigung und des Zusammenhalts sein können.

Die Integration des Sandmännchens in das gesamtdeutsche Fernsehen zeigt, wie wichtig es ist, gemeinsame Symbole zu finden, die die Brücke zwischen Vergangenheit und Zukunft schlagen. Es steht für die Möglichkeit, Unterschiede zu respektieren und gleichzeitig etwas Neues und Verbindendes zu schaffen.

Das Sandmännchen ist damit nicht nur ein Teil der deutschen Fernsehgeschichte, sondern auch ein leuchtendes Beispiel für die Kraft kleiner Geschichten und großer Symbole in Zeiten des Wandels.

Die Musik des Sandmännchens: Melodien, die beruhigen

Analyse der musikalischen Elemente, die das Ritual des Einschlafens unterstützen

Die sanften Klänge, die jede Episode des Sandmännchens begleiten, sind weit mehr als bloße Hintergrundmusik. Sie sind ein unverzichtbarer Bestandteil des Rituals, das Kinder über Jahrzehnte in die Welt des Schlafs geleitet hat. Die Musik des Sandmännchens, mit ihren beruhigenden Melodien und wiederkehrenden Themen, trägt eine emotionale und symbolische Bedeutung, die weit über die bloße Funktion des Einschlafens hinausgeht.

In einer Welt, die zunehmend von visuellen Reizen geprägt war, schufen die musikalischen Elemente des Sandmännchens eine Klanglandschaft, die Ruhe und Geborgenheit vermittelte. Sie schufen einen akustischen Raum, der das Einschlafritual nicht nur unterstützte, sondern ihm eine tiefe emotionale Qualität verlieh.

Die Magie der Wiederholung

Ein zentraler Aspekt der Musik des Sandmännchens ist ihre Wiederholung. Von der Erkennungsmelodie, die jede Episode einleitet, bis hin zu den sanften Klängen, die das Sandstreuen begleiten, basiert die musikalische Gestaltung auf wiederkehrenden Motiven.

Diese Wiederholung hat eine beruhigende Wirkung auf Kinder. Sie schafft Vertrautheit und gibt ihnen das Gefühl, dass alles in Ordnung ist. Die Musik wird zu einem Signal, das den Tag abschließt und den Übergang zur Ruhe einleitet. Mit der Zeit verbinden die Kinder die Melodien mit dem Gefühl von Sicherheit, was das Einschlafritual noch wirkungsvoller macht.

Die Erkennungsmelodie:

Ein akustisches Ritual

Die Erkennungsmelodie des Sandmännchens ist eines der bekanntesten musikalischen Themen im deutschen Fernsehen. Mit ihren sanften, eingängigen Tönen markiert sie den Beginn jeder Episode und hat sich tief in das kollektive Gedächtnis der Zuschauer eingebrannt.

Die Melodie, ursprünglich für das DDR-Sandmännchen komponiert, ist einfach und doch eindringlich. Sie verwendet eine klare, diatonische Struktur, die leicht zu merken und zu summen ist. Diese Einfachheit ist kein Zufall: Sie sorgt dafür, dass die Melodie auch von kleinen Kindern sofort verstanden und verinnerlicht werden kann.

Musikalische Begleitung der Geschichten

Ein weiterer wichtiger Aspekt der Musik des Sandmännchens ist ihre Rolle innerhalb der Geschichten. In den Episoden, die von den Abenteuern des Sandmännchens und anderen Figuren erzählen, wird die Musik genutzt, um Emotionen zu verstärken und Stimmungen zu erzeugen.

Sanfte Streicherklänge und einfache Harmonien schaffen eine beruhigende Atmosphäre, während leichte Rhythmen und fröhliche Melodien die Abenteuerlichkeit und Fantasie der Geschichten betonen. Diese musikalische Untermalung verstärkt die Wirkung der visuellen Elemente und macht die Erzählung zu einem ganzheitlichen Erlebnis.

Das Sandstreuen:

Ein musikalischer Höhepunkt

Der Moment, in dem das Sandmännchen den Schlafsand streut, ist der Höhepunkt jeder Episode. Musikalisch wird dieser Moment oft mit einer besonders sanften, beinahe wiegenden Melodie unterlegt.

Die Musik unterstützt hier nicht nur die Symbolik des Sandstreuens, sondern verleiht ihm eine magische Qualität. Sie zieht die Aufmerksamkeit der Kinder auf sich, während sie gleichzeitig den Übergang in die Stille der Nacht vorbereitet.

Emotionale Verbindung durch Klangfarben

Die Instrumentierung der Musik des Sandmännchens ist bewusst zurückhaltend und warm gehalten. Streicher, Flöten und Glockenspiele sind die Hauptakteure, da ihre Klangfarben als besonders beruhigend empfunden werden.

Diese Instrumente erzeugen einen weichen, fast träumerischen Klang, der die Sinne umhüllt und den Kindern das Gefühl gibt, in eine sichere Klangwelt eintauchen zu können. Die bewusste Wahl dieser Klangfarben zeigt, wie sorgfältig die Musik des Sandmännchens komponiert wurde, um eine maximale Wirkung zu erzielen.

Musik als generationsübergreifendes Bindeglied

Die Musik des Sandmännchens hat eine erstaunliche kulturelle Beständigkeit. Sie wird von Generation zu Generation weitergegeben und bleibt ein Teil der Kindheitserinnerungen vieler Menschen.

Diese zeitlose Qualität zeigt sich nicht nur in der Wiedererkennung der Melodien, sondern auch in ihrer emotionalen Wirkung. Die Musik des Sandmännchens ist für viele Erwachsene ein akustischer Anker, der sie an ihre eigene Kindheit erinnert und ein Gefühl von Nostalgie und Wärme hervorruft.

Ein stiller Held des Rituals

Obwohl die Musik des Sandmännchens oft im Hintergrund bleibt, ist sie ein unverzichtbarer Bestandteil des Erfolgs der Figur. Sie schafft die emotionale Grundlage, die das Einschlafritual zu einem besonderen Moment macht.

Die sanften Melodien und beruhigenden Klänge des Sandmännchens zeigen, wie kraftvoll Musik sein kann – nicht nur als Mittel der Unterhaltung, sondern auch als Werkzeug, um eine Atmosphäre der Geborgenheit und Ruhe zu schaffen.

Die Musik des Sandmännchens ist damit mehr als nur ein Detail. Sie ist eine stille, aber entscheidende Kraft, die den Zauber dieser kleinen Figur lebendig macht – Abend für Abend, Generation für Generation.

Sandmännchen international:

Vergleichbare Figuren

in anderen Kulturen

Ein Blick auf schlafbringende Figuren in anderen Ländern und ihre Geschichten

Die Idee eines Wesens, das den Schlaf bringt und Träume schenkt, ist tief in den Mythen und Traditionen vieler Kulturen verwurzelt. Diese Figuren, die von Region zu Region unterschiedlich dargestellt werden, sind Ausdruck einer universellen menschlichen Sehnsucht nach Ruhe, Geborgenheit und dem Trost der Nacht. Obwohl das Sandmännchen eine spezifisch deutsche Interpretation dieser Idee ist, lassen sich weltweit ähnliche Geschichten und Figuren finden, die zeigen, wie unterschiedlich und doch ähnlich die Kulturen mit dem Thema Schlaf umgehen.

Skandinavien:

Ole Lukøje, der Träumer

Eine der bekanntesten schlafbringenden Figuren außerhalb des deutschsprachigen Raumes ist Ole Lukøje aus den nordischen Ländern. Der Name bedeutet ›Ole mit dem geschlossenen Auge‹, und die Figur ist durch Hans Christian Andersen literarisch verewigt worden.

Ole Lukøje wird oft als kleiner, freundlicher Mann dargestellt, der mit zwei magischen Regenschirmen unterwegs ist: Einem bunten Schirm, der schöne Träume bringt, und einem dunklen Schirm, der traumlosen Schlaf schenkt. In Andersens Geschichten besucht Ole Lukøje Kinder, um sie mit seinen Geschichten und Träumen in die Nacht zu begleiten.

Diese Darstellung vereint Fantasie und Pädagogik und zeigt, wie in Skandinavien die Verbindung zwischen Schlaf und Geschichten zu einem zentralen Thema wurde. Ole Lukøje ist kein Wesen der Furcht, sondern ein liebevoller Begleiter, der Träume als Quelle von Trost und Inspiration präsentiert.

England:

Mister Sandman und die Träume der Popkultur

In der englischsprachigen Welt findet sich die Figur des ›Sandman‹, die ebenfalls Schlaf und Träume bringt, aber in der Popkultur oft mit düsteren oder mystischen Assoziationen versehen wurde. In der traditionellen Folklore ist der Sandman ein Wesen, das Kinder mit Sand bestäubt, um sie in den Schlaf zu wiegen – ein Motiv, das sich auch in der deutschen Tradition wiederfindet.

Im 20. Jahrhundert wurde die Figur durch den Song Mister Sandman der *Chordettes* populär. Hier erscheint der Sandman nicht als mythisches Wesen, sondern als eine fast schelmische Figur, die Träume und Wünsche erfüllt. Die englische Interpretation des Sandman zeigt, wie stark sich traditionelle Figuren an neue kulturelle Kontexte anpassen können.

Frankreich:

Le Marchand de Sable, der Sandhändler

In Frankreich kennt man die Figur des ›Marchand de Sable‹, des Sandhändlers. Dieser Charakter besucht Kinder in der Nacht, um ihnen Sand in die Augen zu streuen und sie so zum Schlafen zu bringen. Der Sand, der oft als Symbol für die Schwere der Augenlider verwendet wird, ist auch hier ein zentrales Motiv.

Die französische Variante des Sandmannes ist oft spielerischer gestaltet und wird in Geschichten und Filmen für Kinder adaptiert. Sie verbindet die Magie des Einschlafens mit einer Prise französischen Charmes und stellt den Marchand de Sable als sanften Wächter der Nacht dar.

Russland:

Домовой (Domowoi) und die nächtliche Ruhe

In Russland gibt es keine direkte Entsprechung des Sandmännchens, doch Figuren wie der Domowoi, ein Schutzgeist des Hauses, erfüllen eine ähnliche Funktion. Der Domowoi wird oft als freundlicher, aber auch leicht schelmischer Geist beschrieben, der über das Haus und seine Bewohner wacht.

In einigen Erzählungen bringt der Domowoi Kindern Schlaf und Träume, wenn sie sich gut benehmen, während er bei Ungezogenheit für unruhige Nächte sorgt. Diese Dualität spiegelt die russische Tradition wider, in der mythische Figuren oft sowohl Schutz bieten als auch warnen.

Japan:

Der Traumbringer Baku

In der japanischen Mythologie findet sich die Figur des Baku, eines mythischen Wesens, das Träume frisst. Der Baku wird oft als Mischwesen mit Merkmalen verschiedener Tiere dargestellt – ein Symbol für seine magischen Kräfte.

Kinder in Japan werden ermutigt, den Baku um Hilfe zu bitten, wenn sie von Albträumen geplagt werden. Indem er schlechte Träume vertreibt, bringt der Baku eine ruhige Nacht und einen erholsamen Schlaf. Diese Interpretation zeigt, wie stark der Schlaf in der japanischen Kultur mit dem Schutz vor negativen Einflüssen verbunden ist.

Afrikanische Traditionen:

Nächtliche Geschichten und Träume

In vielen afrikanischen Kulturen gibt es keine spezifische Figur, die dem Sandmännchen entspricht, doch Geschichten und Lieder spielen eine zentrale Rolle im Einschlafritual. Traditionelle Wiegenlieder, die von Generation zu Generation weitergegeben werden, dienen dazu, Kinder zu beruhigen und sie sanft in den Schlaf zu begleiten.

Diese Lieder erzählen oft von Schutzgeistern oder Ahnen, die über die Kinder wachen. Der Schlaf wird hier nicht nur als körperliche Ruhe, sondern auch als spirituelle Verbindung zur Gemeinschaft und den Vorfahren betrachtet.

Ein universelles Bedürfnis, individuell interpretiert

Die Existenz schlafbringender Figuren in so vielen Kulturen zeigt, wie universell das Bedürfnis nach Schutz und Geborgenheit in der Nacht ist. Jede Kultur interpretiert dieses Bedürfnis jedoch auf ihre eigene Weise, geprägt von ihren Werten, Mythen und Geschichten.

Während das deutsche Sandmännchen vor allem durch seine regelmäßigen Rituale und seine liebevolle Art besticht, zeigen die internationalen Varianten, wie vielfältig die Erzähltraditionen rund um den Schlaf sein können. Gemeinsam ist ihnen allen, dass sie die Dunkelheit nicht als Bedrohung, sondern als Chance für Träume und Fantasie begreifen.

Ein Fenster in andere Welten

Die Betrachtung der schlafbringenden Figuren in anderen Kulturen erweitert nicht nur das Verständnis für das Sandmännchen, sondern zeigt auch, wie Geschichten uns miteinander verbinden. Sie sind ein Fenster in die Seele einer Kultur, das uns erlaubt, Unterschiede zu würdigen und Gemeinsamkeiten zu feiern.

Das Sandmännchen ist dabei mehr als nur eine Figur – es ist Teil einer weltweiten Tradition, die die Nacht zu einem magischen Ort macht, an dem Träume wahr werden können.

Von analog zu digital:

Das Sandmännchen

im Streaming-Zeitalter

Die Anpassung der Figur an moderne Medienplattformen und neue Sehgewohnheiten

Die mediale Landschaft hat sich seit den Anfängen des Sandmännchens radikal verändert. Von den frühen Tagen des Fernsehens, als der Sandmann pünktlich zur festen Abendzeit erschien, bis hin zu den heutigen Streaming-Plattformen, die Inhalte jederzeit und überall zugänglich machen, hat sich nicht nur die Technik, sondern auch das Zuschauerverhalten gewandelt.

Trotz dieser Veränderungen hat sich das Sandmännchen als Konstante gehalten. Die Figur, die einst Generationen von Kindern zur gleichen Zeit vor den Fernseher lockte, hat den Übergang in das digitale Zeitalter erfolgreich gemeistert. Sie hat sich an die neuen Sehgewohnheiten angepasst und ist dabei ihrer Funktion als beruhigender Begleiter treu geblieben.

Vom festen Sendeplatz zur flexiblen Verfügbarkeit

In der analogen Fernsehzeit war das Sandmännchen ein festes Ritual. Jeden Abend, zur gleichen Uhrzeit, versammelten sich

Kinder vor dem Bildschirm, um die kleine Geschichte zu sehen und sich anschließend ins Bett zu verabschieden. Dieses wiederkehrende Element gab dem Alltag vieler Familien Struktur und Verlässlichkeit.

Mit dem Aufkommen von Streaming-Diensten und Mediatheken hat sich dieser feste Rahmen aufgelöst. Kinder und Eltern können das Sandmännchen heute jederzeit anschauen – sei es morgens, während der Mittagsruhe oder sogar auf Reisen. Diese Flexibilität hat das Sandmännchen für eine neue Generation von Zuschauern relevant gemacht, die in einer Zeit aufwächst, in der Medienkonsum nicht mehr an bestimmte Zeitfenster gebunden ist.

Das Sandmännchen auf neuen Plattformen

Um in der digitalen Ära präsent zu bleiben, hat sich das Sandmännchen auf verschiedene Plattformen ausgeweitet. Neben der traditionellen Ausstrahlung im Fernsehen sind die Episoden heute in den Mediatheken der Rundfunkanstalten verfügbar und können über Streaming-Dienste abgerufen werden.

Auf YouTube und anderen sozialen Medien findet man Ausschnitte, Trailer und manchmal sogar komplette Episoden, die ein neues Publikum ansprechen sollen. Diese Plattformen ermöglichen es, das Sandmännchen in einer Umgebung zu entdecken, die für moderne Kinder alltäglich ist – auf Tablets, Smartphones oder Laptops.

Neue Erzählformate und digitale Ästhetik

Mit der Verlagerung auf digitale Plattformen hat sich auch die Produktion des Sandmännchens weiterentwickelt. Während die handgemachte Puppentricktechnik noch immer ein wichtiger Bestandteil der Marke ist, wurden in den letzten Jahren auch computergestützte Animationen eingeführt.

Die Geschichten bleiben zwar in ihrer Länge und Struktur traditionell, doch die visuelle Gestaltung ist moderner geworden. Klarere Farben, flüssigere Bewegungen und digitale Effekte sorgen dafür, dass das Sandmännchen auch in einer Welt voller Hochglanzproduktionen zeitgemäß wirkt.

Personalisierte Sehgewohnheiten und Algorithmen

Ein entscheidender Unterschied zwischen analogem Fernsehen und Streaming-Diensten ist die Personalisierung des Medienkonsums. Algorithmen, die das Verhalten der Nutzer analysieren, bieten Inhalte an, die zu ihren Vorlieben passen.

Für das Sandmännchen bedeutet dies, dass es in den Vorschlägen für Eltern erscheint, die nach altersgerechten und beruhigenden Inhalten suchen. Diese Sichtbarkeit ist entscheidend, um in der Fülle der verfügbaren Inhalte nicht unterzugehen.

Der Einfluss auf die Eltern-Kind-Beziehung

Die digitale Verfügbarkeit des Sandmännchens hat nicht nur die Sehgewohnheiten der Kinder verändert, sondern auch die Rolle der Eltern. Während das gemeinsame Fernsehen früher oft ein fester Bestandteil des Abendrituals war, ermöglicht das Streaming individuelle Konsummuster.

Einige Eltern nutzen das Sandmännchen heute als flexible Möglichkeit, ihrem Kind eine kleine Auszeit zu gönnen, während sie selbst beschäftigt sind. Andere integrieren es weiterhin aktiv in das abendliche Ritual und sehen es als Gelegenheit, gemeinsam den Tag ausklingen zu lassen.

Tradition trifft Moderne

Trotz aller Veränderungen bleibt das Sandmännchen seiner ursprünglichen Funktion treu: Es ist ein Symbol für Ruhe und Geborgenheit, das Kindern hilft, den Übergang vom Tag zur Nacht zu meistern. Die modernen Anpassungen haben es ermöglicht, diese Funktion in einer sich wandelnden Welt aufrechtzuerhalten.

Das Sandmännchen zeigt, dass Traditionen auch im digitalen Zeitalter Bestand haben können, wenn sie flexibel und offen für Innovationen sind. Es verbindet die Nostalgie früherer Generationen mit den technischen Möglichkeiten der Gegenwart und schafft so einen einzigartigen Platz in der Medienlandschaft.

Ein Sandkorn in der digitalen Welt — aber von unschätzbarem Wert

Im Meer der digitalen Inhalte mag das Sandmännchen auf den ersten Blick unscheinbar erscheinen. Doch gerade seine Beständigkeit und seine Anpassungsfähigkeit machen es zu einem kulturellen Schatz. Es steht für eine Zeit, in der Geschichten nicht nur erzählt, sondern erlebt wurden — und es beweist, dass dieser Zauber auch im Streaming-Zeitalter weiterleben kann.

Die Reise des Sandmännchens von der analogen in die digitale Welt zeigt, dass manche Figuren zeitlos sind. Sie wachsen mit ihren Zuschauern, passen sich an und behalten dennoch ihre Seele. Das Sandmännchen ist und bleibt ein treuer Begleiter, egal ob es auf dem Röhrenfernseher von einst oder dem Tablet von heute zu sehen ist.

Die Zukunft des Sandmännchens: Besteht die Tradition?

Reflexion über die fortwährende Bedeutung des Sandmännchens in einer sich wandelnden Welt

In einer Welt, die sich immer schneller wandelt, in der Technologien, Lebensweisen und Sehgewohnheiten sich nahezu im Stundentakt verändern, stellt sich die Frage, ob eine traditionsreiche Figur wie das Sandmännchen auch in Zukunft Bestand haben kann. Was einst eine feste Institution des analogen Zeitalters war, muss sich nun in einer Welt behaupten, die von Individualität, Digitalisierung und neuen Medien geprägt ist.

Doch vielleicht liegt gerade in dieser rasanten Veränderung eine Chance. Das Sandmännchen, dessen Erfolg über Jahrzehnte hinweg von seiner Anpassungsfähigkeit geprägt war, steht auch heute für Werte, die zeitlos sind: Geborgenheit, Kontinuität und die Magie kleiner Geschichten. Es ist ein Sinnbild dafür, wie Traditionen inmitten des Wandels überleben können, weil sie sich immer wieder neu erfinden, ohne ihren Kern zu verlieren.

Die Bedeutung von Ritualen in einer fragmentierten Welt

Die moderne Welt ist geprägt von einem ständigen Informationsfluss, der kaum Zeit für Ruhe und Reflexion lässt. Kinder und Erwachsene sind gleichermaßen von den Anforderungen des Alltags und den Reizen der digitalen Medien gefordert. Gerade in diesem Kontext gewinnen Rituale wie das Sandmännchen an Bedeutung.

Das abendliche Einschlafritual, bei dem eine vertraute Figur wie das Sandmännchen den Tag abschließt, bietet Kindern und Eltern eine seltene Gelegenheit, den hektischen Alltag hinter sich zu lassen. Es schafft eine ruhige, verbindende Zeit, in der die Familie zur Ruhe kommen kann. In einer Welt, die zunehmend fragmentiert erscheint, wird das Bedürfnis nach solchen Ritualen eher größer als kleiner.

Das Sandmännchen als kulturelles Gedächtnis

Das Sandmännchen ist mehr als nur eine Kinderfigur; es ist ein Teil des kollektiven Gedächtnisses. Für viele Erwachsene ist es ein Symbol ihrer eigenen Kindheit, ein Anker in einer Zeit, die oft als unbeschwerter empfunden wird. Diese emotionale Verbindung macht das Sandmännchen zu einer Tradition, die von einer Generation an die nächste weitergegeben wird.

Eltern, die selbst mit dem Sandmännchen aufgewachsen sind, fühlen sich oft dazu inspiriert, diese Tradition mit ihren eigenen Kindern fortzusetzen. Die Figur wird dadurch zu einem Bindeglied zwischen den Generationen, das sowohl Nostalgie als auch Neugier auf die Zukunft weckt.

Herausforderungen und Chancen im digitalen Zeitalter

Die Digitalisierung stellt eine Herausforderung dar, eröffnet aber auch neue Möglichkeiten für das Sandmännchen. Die Konkurrenz durch internationale Streaming-Dienste und eine Flut an digitalen Inhalten erfordert, dass die Figur sich weiterhin innovativ präsentiert. Doch genau hier liegt auch eine Stärke des Sandmännchens: Es hat bereits mehrfach bewiesen, dass es sich an veränderte Medienlandschaften anpassen kann.

Durch Streaming-Plattformen und digitale Formate erreicht das Sandmännchen heute ein breiteres Publikum als je zuvor. Gleichzeitig bietet das digitale Zeitalter neue Möglichkeiten, die Geschichten des Sandmännchens interaktiver und multimedialer zu gestalten, ohne dabei die beruhigende Einfachheit zu verlieren, die seine Kernbotschaft ausmacht.

Das zeitlose Bedürfnis nach Geschichten

Die Zukunft des Sandmännchens liegt auch in der zeitlosen Kraft von Geschichten. Egal wie sehr sich die Technik verändert – die menschliche Sehnsucht nach Erzählungen, die trösten, inspirieren und verbinden, bleibt bestehen.

Das Sandmännchen ist nicht nur ein Geschichtenerzähler, sondern auch ein Symbol für die Magie des Alltags. Es zeigt, dass selbst die kleinen Momente – wie der Übergang vom Tag zur Nacht – voller Bedeutung sein können, wenn sie mit Fantasie und Wärme gestaltet werden.

Die Werte, die bleiben

In einer Welt, die oft von Unsicherheit geprägt ist, steht das Sandmännchen für Stabilität und Verlässlichkeit. Seine Botschaft von Ruhe, Geborgenheit und der Freude an kleinen Geschichten ist universell und zeitlos.

Auch in Zukunft wird es Eltern geben, die ihren Kindern Rituale schenken möchten, die Sicherheit und Struktur bieten. Das Sandmännchen hat das Potenzial, weiterhin eine zentrale Rolle in diesen Ritualen zu spielen, weil es nicht nur ein Produkt seiner Zeit ist, sondern ein Ausdruck von Werten, die jede Zeit überdauern.

Ein Blick nach vorn:

Die nächste Generation des Sandmännchens

Die nächste Phase des Sandmännchens könnte neue Formen annehmen, ohne seine Essenz zu verlieren. Augmented Reality, interaktive Geschichten oder personalisierte Inhalte könnten die Figur bereichern und noch zugänglicher machen. Doch was auch immer die technischen Innovationen bringen mögen, das Sandmännchen wird nur dann erfolgreich bleiben, wenn es seinem Kern treu bleibt: eine Figur zu sein, die Kinder in die Nacht begleitet und ihnen mit ihren Geschichten ein Gefühl von Sicherheit und Fantasie schenkt.

Ein zeitloser Begleiter

Die Zukunft des Sandmännchens mag von äußeren Einflüssen und technologischen Entwicklungen geprägt sein, doch seine Kraft liegt in seiner Zeitlosigkeit. Es ist nicht nur ein Teil der Medienlandschaft, sondern ein Teil des Lebens.

Das Sandmännchen wird auch in einer sich wandelnden Welt bestehen, weil es eine der wenigen Konstanten ist, die uns daran erinnern, wie wichtig es ist, innezuhalten, zu träumen und die kleinen Momente des Lebens zu schätzen. Es bleibt ein Begleiter, der uns zeigt, dass Traditionen auch im modernsten Zeitalter Bestand haben können, wenn sie von Herzen kommen.

Über den Autor

 Lutz Spilker wurde im Jahre 1955 in Duisburg geboren.

Bevor er zum Schreiben von Romanen und Dokumentationen fand, verließen bisher unzählige Kurzgeschichten, Kolumnen und Versdichtungen seine Feder.

In seinen Büchern befasst er sich vorrangig mit dem menschlichen Bewusstsein und der damit verbundenen Wahrnehmung. Seine Grenzen sind nicht die, welche mit der Endlichkeit des Denkens, des Handelns und des Lebens begrenzt werden, sondern jene, die der empirischen Denkform noch nicht unterliegen.

Es sind die Möglichkeiten des Machbaren, die Dinge, welche sich allein in der Vorstellung eines jeden Menschen darstellen und aufgrund der Flüchtigkeit des Geistes unbewiesen bleiben. Die Erkenntnis besitzt ihre Gültigkeit lediglich bis zur Erlangung einer neuen und die passiert zu jeder weiteren Sekunde.

Die Welt von Lutz Spilker beginnt dort, wo zu Beginn allen Seins nichts Fassbares war, als leerer Raum. Kein Vorne, kein Hinten, kein Oben und kein Unten. Kein Glaube, kein Wissen, keine Moral, keine Gesetze und keine Grenzen. Nichts.

In Lutz Spilkers Romanen passieren heimtückische Morde ebenso wie die Zauber eines Märchens. Seine Bücher sind oftmals Thriller, Krimi, Abenteuer, Science Fiction, Fantasy und selbst Love-Story in einem.

»Ich liebe die Sprache: Sie vermag zu streicheln, zu liebkosen und zu Tränen zu rühren. Doch sie kann ebenso stachelig sein, wie der Dorn einer Rose und mit nur einem Hieb zerschmettern.«

In dieser Reihe sind bisher erschienen

Die Erfindung der Langeweile
Die Erfindung des Menschen
Die Erfindung des Geldes
Die Erfindung des Teufels
Die Erfindung des Erfolgs
Die Erfindung der Sterblichkeit
Die Erfindung der Lüge
Die Erfindung der Freiheit
Die Erfindung des Todes
Die Erfindung der Welt
Die Erfindung des Inselmenschen
Die Erfindung der Zeit
Die Erfindung der Seele
Die Erfindung der Politik
Die Erfindung des Gewissens
Die Erfindung der Religion
Die Erfindung der Schuld
Die Erfindung der Gerechtigkeit
Die Erfindung des Friedens
Die Erfindung des Selbstgesprächs
Die Erfindung der Zukunft
Die Erfindung der Pornographie
Die Erfindung der Verschwendung
Die Erfindung des Erwachsenseins
Die Erfindung der Hölle
Die Erfindung der Überbevölkerung
Die Erfindung des Himmels
Die Erfindung der Monarchie
Die Erfindung der Unterhaltung
Die Erfindung der Sprache

Die Erfindung der Musik
Die Erfindung der Wiedergeburt
Die Erfindung des Zufalls
Die Erfindung der Namen
Die Erfindung des Bewusstseins
Die Erfindung des freien Willens
Die Erfindung des Wahrsagens
Die Erfindung der Körpersprache
Die Erfindung des Schlafs
Die Erfindung der Sklaverei
Die Erfindung der Angst
Die Erfindung der Vernunft
Die Erfindung des Vollmonds
Die Erfindung des Vitamin B
Die Erfindung des Make-Up
Die Erfindung des Weihnachtsfestes
Die Erfindung des Ku-Klux-Klan
Die Erfindung des Träumens
Die Erfindung der Flaschenpost
Die Erfindung der Mafia
Die Erfindung der politischen Parteien
Die Erfindung der Freimaurer
Die Erfindung der Freibeuter
Die Erfindung der Raumfahrt
Die Erfindung der Tempelritter
Die Erfindung des ADHS-Syndroms
Die Erfindung der Homöopathie
Die Erfindung der Freizeitparks
Die Erfindung des Werwolfs
Die Erfindung des Astralkörpers
Die Erfindung des Zölibats
Die Erfindung des Herkules
Die Erfindung des Vampirs
Die Erfindung der Philosophie

Die Erfindung des Bieres
Die Erfindung der Geister
Die Erfindung des Ungeheuers von Loch Ness
Die Erfindung der Prä-Astronautik
Die Erfindung des Voodoo
Die Erfindung des Stierkampfs
Die Erfindung des Sinns des Lebens
Die Erfindung des Einhorns
Die Erfindung von Atlantis
Die Erfindung des Gähnens
Die Erfindung der Bundeslade
Die Erfindung der Ehe
Die Erfindung der 10 Gebote
Die Erfindung des Robin Hood
Die Erfindung des Autoritätsgehorsams
Die Erfindung der Popkultur
Die Erfindung des Urknalls
Die Erfindung des Rauchens
Die Erfindung des Alphabets
Die Erfindung der totalen Kontrolle
Die Erfindung der Langeweile - Neuauflage
Die Erfindung der Schlacht um Troja
Die Erfindung des Sandmännchens

Zeitfracht Medien GmbH
Ferdinand-Jühlke-Straße 7
99095 Erfurt, Deutschland
produktsicherheit@kolibri360.de